MW01378271

ସରୀସୃପ

ସରୀସୃପ

ବିନୋଦ ଚନ୍ଦ୍ର ନାୟକ

BLACK EAGLE BOOKS
2022

BLACK EAGLE BOOKS

USA address:
7464 Wisdom Lane
Dublin, OH 43016

India address:
E/312, Trident Galaxy, Kalinga Nagar,
Bhubaneswar-751003, Odisha, India

E-mail: info@blackeaglebooks.org
Website: www.blackeaglebooks.org

First edition by Lark Books, Stoni Road, Cuttack-2 in 1969

First International Edition Published by
BLACK EAGLE BOOKS, 2022

SARISRUPA
by **Binod Chandra Nayak**

Copyright © **Binod Chandra Nayak's Family**

All rights reserved. No part of this publication may be reproduced, stored in a retrieval system, or transmitted, in any form or by any means, electronic, mechanical, photocopying, recording or otherwise without the prior permission of the publisher.

Cover & Interior Design: Ezy's Publication

ISBN- 978-1-64560-263-7 (Paperback)

Printed in the United States of America

ଡକ୍ଟର ହରେକୃଷ୍ଣ ମହତାବ

କରକମଳେଷୁ

ସୁଧା ବିତରଣ ପାଇଁ ସାଧାରଣେ ବିଷ କଲ ପାନ
ଅନ୍ୟର ସମ୍ମାନ ପାଇଁ ବରିନେଲ ନିଜେ ଅପମାନ,
ବହ୍ନିର ବଳୟେ ବସି ଊର୍ଦ୍ଧ୍ୱ ଦୃଷ୍ଟି ସ୍ୱପ୍ନେ ସୃଜନୀର
ସେ ମହିମାନ୍ୱିତ ସାଧନା ସମ୍ମୁଖରେ ନତ କରେ ଶିର।

ବିନୋଦ ଚନ୍ଦ୍ର

୨୧।୧୧।୬୯

ସୂଚୀପତ୍ର

ସିଂହଦ୍ୱାରର ଉନ୍ମେଷ	୯
ନାଚ	୧୧
ଅନୁପମ ଶିଳଂ	୧୩
ଜୟା	୧୫
ତିଳୋତ୍ତମା ସହର	୧୬
ମୋର ପରିଚୟ	୧୮
ଶାଖା	୧୯
ଏକ ତାରା ଚିହ୍ନ ନେଇ	୨୦
ଆୟତୀ	୨୨
ଏକ ନିର୍ଜନ ମାଇଲ୍ ଖୁଣ୍ଟ	୨୩
ସମ୍ରାଟ ନାହିଁ	୨୫
ପ୍ରାନ୍ତର ମନ	୨୬
ରାସ୍ତା	୨୮
ଅନେକ ବୃଶ୍ଚିକ ସାପ	୩୦
ଆବିଷ୍କାର	୩୧
ଏକ ସଞ୍ଚୟ	୩୩
ଗଙ୍ଗାଜଳର କଳସ	୩୪
ଉପନାୟିକାମାନେ	୩୬
ସାପଦେଖା	୩୮
ସ୍ୱର୍ଗର ଚାବି	୪୦
ହାତ	୪୧
ଶିବ	୪୨
କବି (ହିତୋପଦେଶ)	୪୩
କେଡ଼େ କୁତ୍ସିତ	୪୫
ଛୁଟି	୪୬
ନାଗଫେଣୀ	୪୭
ଫସିଲ ନୁହଁ: ଭୀମଭୋଇଙ୍କୁ	୪୮
ଅନ୍ୟ ସାବୁନ	୫୦
ରୂପମ୍	୫୧
ଏକ ବିନ୍ଦୁ ବର୍ତ୍ତମାନ	୫୩
କବିତା ବନିତା	୫୪

ହେ ଅର୍କିଡ୍ ! ହେ ଅର୍କିଡ୍ !	୫୫
ମୃତ୍ୟୁର ସାମ୍ରାଜ୍ୟରେ	୫୭
ପ୍ରତିମା ତ୍ୟଲାଇ	୫୮
ବୃକ୍ଷଠାରୁ	୫୯
ମୁଁ ଆସୁଛି	୬୦
ମୁଠାଏ ମୃତ୍ତିକା	୬୧
ତୀର ତରୁ ତାରା	୬୩
ସ୍ଥିତିରୂପା	୬୫
ଶ୍ୱେତ ପଦ୍ମ	୬୬
ଭଡ଼ାଘର	୬୭
ଭାରତୀୟ ବିମାନ ବାହିନୀ	୬୯
ହେ ମୋର ପ୍ରେମିକ ମୃତ୍ୟୁ	୭୦
ନାମି ହିରଣ୍ୟ ତାରା	୭୧
ସୁରଜନ୍ଧା	୭୨
ଶୃଙ୍ଗ ଆରୋହଣ	୭୩
ତମ ମନ	୭୫
ଅହଲ୍ୟା ମନ	୭୭
ସାନ୍ନିଧ୍ୟ	୭୯
ଏକ ନୂତନ ଶରତ୍ର ପରିଚୟ ଲିପି	୮୦
ଏକ ବନ୍ଧୁର ଆତ୍ମହତ୍ୟା ନେଇ	୮୨
ସେମାନେ ସୂର୍ଯ୍ୟ ସାରଥି	୮୪
ଏକ ସାଗରିକ ଅଗ୍ନିଗିରି	୮୬
ହୀରକ ମାଣିକ	୮୮
ଅନ୍ୟଦିନ	୮୯
ଫେରସ୍ତ	୯୦
ଫାଲଗୁନ ପରେ	୯୨
ମଣିଭୁକ୍	୯୩
ଅଗ୍ରଦୂତ	୯୬
ଅସମାପିକା	୯୯
ହେ ଈଶ୍ୱର ! ହେ ଈଶ୍ୱର !	୧୦୨
କପୋତ	୧୦୪
ସରୀସୃପ	୧୦୯

ସିଂହଦ୍ୱାରର ଉନ୍ମେଷ

କେତେଦୂର ସିନ୍ଧୁର ସୀମାନା
କେତେଦୂର ତଟ ?
ମାୟାର ଅସ୍ପଷ୍ଟ
ଗୋଧୂଳି ଦିଗନ୍ତେ ନଏଁ...
ଆଉ କେତେ ଦୂର
ଏ ଚିନ୍ତାର ତରୀବାହି ଯାଏଁ କହ
ବେଳା ଆସି ହେଲାଣି ଉଛୁର !

ସ୍ୱପ୍ନସାରସର ଏକ ଦିଗନ୍ତ ବିସ୍ତାରି-
ସ୍ୱର୍ଣ୍ଣଇଚ୍ଛା ନେଇ ଯେବେ ସିନ୍ଧୁର ସେପାରି
ଚଳିଯାଏ ଏଇ ମନ
ଲୁଣିଗନ୍ଧ ସମୁଦ୍ରର ଧବଳ ବତାସେ,
କିମ୍ୱା କହ ବ୍ୟଥାନମ୍ର ସେ ବାଳିକାଟିର
ଆଖିର ବିଷଣ୍ଣ-
କରୁଣ ମସୃଣ ଛାୟା ଆଶେ
ଫେରିଯିବା ହେତୁ
ରଚନା କରଇ ଇଚ୍ଛା ଏକ ଶୀର୍ଣ୍ଣ ସେତୁ !

କେତେ ନୀଳକଣ୍ଠ ପକ୍ଷୀ ସମୁଦ୍ରର ନୀଳାର ବଳୟ
ଉଡ୍ଡୀନ ଫେଣର ସମ ଡେଣା ବାହି ପାରହୁଏ
ସେ ସବୁର ଫେରିବା ସମୟ
ଧରିତ୍ରୀର ନିରୁପମ ସୂର୍ଯ୍ୟାଲୋକେ ଦେଖିନି ତ,
ଅପରୂପ ସିନ୍ଧୁରାତ୍ରି ତା'ର
କି ରହସ୍ୟେ ଗଢ଼ିଛିକି ସେ ସବୁ ପକ୍ଷୀର ପାଇଁ
ଇଚ୍ଛାମତୀ ଜଳର ମିନାର !

ଏ ସାରସ ଇଚ୍ଛା କିନ୍ତୁ ଫେରେ ତଟେ, ମୃଗନାଭି ଘନ
ଅନ୍ଧକାର ହିଞ୍ଜଳର ବନ
ଯହିଁ କୁହେଳିର ରାତେ ଅପରୂପ, ନମ୍ରନୀଳ ଘାସ,
ସମୁଦ୍ର ଆକାଶ ରଖି ପଶ୍ଚାତରେ
ଆସେ ଅଗ୍ରେ ନକ୍ଷତ୍ର ଆକାଶ !

ତେବେ କିମ୍ବା ସମୁଦ୍ରର ଡାକ କିମ୍ବା ତଟ ଅନ୍ୱେଷଣ
ଯେ ସଂଗୀତ ଝରିଯାଏ ତା'ର କିମ୍ବା ମ୍ଳାନ ଆକର୍ଷଣ
କିମ୍ବା ପୁଣି ପ୍ରଣୟର କାକଳି କ୍ରନ୍ଦନ,
ବିସ୍ମୃତିର ଅତଳ ଗହ୍ୱରେ
ସ୍ମୃତିର ନିର୍ଝର କିମ୍ବା ଝରେ !!

ସମୁଦ୍ର ସ୍ୱପ୍ନରୁ ଆଉ ତଟ ତର୍ପଣରୁ
ଛିନ୍ନ ସ୍ନେହ କରି ପୁନର୍ବାର
ପ୍ରସନ୍ନ ସାନ୍ତ୍ୱନା ପାଇଁ ହେ ହୃଦୟ ମୋର
ଏଇଥର ଖୋଲ ସିଂହଦ୍ୱାର ।

■

ନାଚ

ମୁଁ ଦେଖିଛି ଲୟ ଓ ମୁଦ୍ରାର
ଉଦ୍ଦାମ ସ୍ୱେଦାକ୍ତ ନାଚ
        ନିବିଡ଼ ଜୌଲୁସ
ଉର ଊରୁ ନଗ୍ନ ପରିମିତି
ଦୁଇ ଭ୍ରୁରୁ ବଳାକା ମିଥୁନ
ଉଡ଼ିଯାଏ ଅଳକାରେ ଏକତା ଆତୁର
        କଦମ୍ବ ରୋମାଞ୍ଚେ
ତନୁ ଦେହ ଆମନ୍ତ୍ରଣେ ଆମନ୍ତ୍ରଣେ
        ଦୋଳାୟିତା ତନ୍ୱୀ ବେଲେରିନା।

ମୁଁ ଦେଖିଛି ହିଂସ୍ରବନ ଉପର ଶିଳାର
        ଝରଣାର ନାଚ
ହରିଣୀ ନୟନେ
ରୌଦ୍ରୋଜ୍ଜ୍ୱଳ ଲୋମହର୍ଷ ଚିତାର ଖେମଟା
ନିଷ୍ପ୍ରଦୀପ ପ୍ରେକ୍ଷାଗୃହେ ଉତ୍କ୍ଷିପ୍ତ ବିଦ୍ୟୁତ ବୃତ୍ତେ
        ଶିକାରୀର ବର୍ଚ୍ଛାଦୃଢ଼ ହାତ।

ମୁଁ ଦେଖିଛି ଦୁଗ୍ଧଫେନନିଭ ଶୁଭ୍ର ଶେଯେ
ରତ୍ନ ନିର୍ମିତ କିଙ୍କିଣୀ ତ୍ରିପଟାରେ ଅନାବୃତ ନାଚ
ବିବର ଅନ୍ଧାରେ
ଦେହେ ଦେହେ ମନ୍ତ୍ର ଲଗ୍ନ ସାପ
ଏ ରାଜଧାନୀର
ଶୀତତାପ ନିୟନ୍ତ୍ରିତ ମହାର୍ଘ ବିଳାସ
        ଗ୍ଲାସ ଓ ମୁଦ୍ରାର।

ମୁଁ କିନ୍ତୁ ଦେଖିନି
ପୁନଃ ସଂସ୍କାର ଅତୀତ ଯେ ବିଧାନ
          ମୁଦ୍ରାରେ ଯା' ଭାଙ୍ଗି ଭାଙ୍ଗି ପଡ଼େ
ସବୁ ସତ୍ତା ସ୍ମୃତିତଥ୍ୟ ପ୍ରଶ୍ନର ବିବାଦ
          ମନନର ବର୍ତ୍ତମାନ
          ଲୟେ ଯା'ର ଲୀନ ହୁଏ

ପ୍ରଳୟ ପୟୋଧି
ତଟେ ସେଇ ମୃତ୍ୟୁହୀନ ନାଚ
ହେ ମୋ ଚିର ନଟ !

■

ଅନୁପମ ଶିଲଂ

ଇଷ୍ଟକ ଓ ପ୍ରସ୍ତରରେ ନିବେଦିତ ସ୍ଥବିର ସହର
ଉଲଂଗ ରାଜପଥର ହଠାତ୍ ରୋମାଂଚ
ରାତ୍ରିର ନିର୍ଜନ ଶଯ୍ୟା-ଅପେକ୍ଷା-ଅଥଚ
ଅନେକ ଅନୁଶୋଚନା
          ସବୁ ଛାଡ଼ି ପଛେ
ସାମାନ୍ୟ ବିଶ୍ରାମ କିଛି ମାଗିଥିଲ ତୁମେ ପଦ୍ମାବତୀ
ଶିଲଂର ଏ ଅନୁଚ୍ଛାୟେ:
ଦେବଦାରୁ ଇଉକେଲିପଟସ୍‌ର ଭିଡ଼
ରୂପାର ଘଣ୍ଟାର ସମ ଚନ୍ଦ୍ର
          ଚନ୍ଦ୍ରକର
ନୃମୁଣ୍ଡର ଭସ୍ମପରି ବେରଙ୍ଗୀ ପାହାଡ଼
          ତୁଷାର ପାଣ୍ଡୁର ଶୃଙ୍ଗ କଣ୍ଟକିତ ଧୂସର ଦିଗନ୍ତ
ତାରା
ତାରା ଅନ୍ଧକାର ରାତ୍ରିର ଲାବଣ୍ୟ
ଅନୁପମ ଶିଲଂ।

ତଥାପି ସାମ୍ରାଜ୍ୟଜୟୀ ଆଶା ଏଥେ-
ଶ୍ୱେତାଙ୍ଗିନୀ ଚୀନାରାଷ୍ଟ୍ରଚର ଆଉ ସୀମାନ୍ତ ସୈନିକ
କେତୋଟି ଧନୁର ଦୂରେ ନୈଶ ନୃତ୍ୟାଗାର
ଜଳର ଶବ୍ଦର ସମ ରିମ୍‌ଝିମ୍ ଶବ୍ଦ ଗିଟାରର।
ମନୁଷ ମାନୁଷୀ ଅସହ୍ୟ ମିଳନଧର୍ମୀ
ମରମୀ ମନ୍ତବ୍ୟ
ଲଜ୍ଜା ଉଲ୍ଲସିତ ହାସ,
ଯେ ଆକାଶ ଶିଲଂର ମହିମାନ୍ୱିତ
ସେ ଆକାଶ ହଜିଯାଏ ଏବେ
ରାତ୍ରିର କବରୀ ସମ କବରୀର ତିମିର ବିଳାସେ।

ଅବରୁଦ୍ଧ ପୟଃ ପ୍ରଣାଳୀର
ପୁରାତନ ବିପନ୍ନ ସହର
ନିର୍ଜନ ଦୁର୍ଗର ପ୍ରେମ ଦେଶପ୍ରେମ ଦେଶ
ଜ୍ଞାନମିଶ୍ରା ବୈଷ୍ଣବୀ ସଂଯମ
ସବୁ ଛାଡ଼ି
ମୁଷ୍ଟିମେୟ ପ୍ରାଣୀ
ସୁଦୂର ପିଆସୀ; ଆଉ ତୁମେ ପଦ୍ମାବତୀ
ପାହାଡ଼ର ସଙ୍ଗମରେ ଖଡ଼ିଶ୍ୱେତ ମୌସୁମୀ ମେଘର
ଢେଉ ଛାଡ଼ି
ଢେଉ ପରି ଆସି
ଝରଣାର ପ୍ରଗଲ୍‌ଭ ଗନ୍ଧରେ
ସହଜ ଆନନ୍ଦ ଖୋଜ।
ସେ ଆନନ୍ଦ ପାଇଁ ପୁଣି ଅବରୁଦ୍ଧ କରି ଆହା
          ହୃଦୟ କପାଟ
ତନୁର ତିମିରେ
ବିଶ୍ୱର ଯେ ପରମ ରହସ୍ୟ
ତାରେ ନେଇ କର କ୍ରୀଡ଼ା !
          ଜୀବନ ସ୍ରୋତର
ଗୋଟିଏ ମୁହୂର୍ତ୍ତ ମାତ୍ର ପରମ ସଙ୍ଗମ !!!

ବ୍ୟଥା ବ୍ୟଥତା ବ୍ୟାଘାତ ବାସ୍ତବତା ଭିଡ଼େ
ପ୍ରାଣ ପ୍ରେମ ସୃଜନ ପିପାସା କ୍ଷୀଣ କ୍ଷୀଣତମ କ୍ଷୀଣ।
ତଥାପି ବିଶ୍ରାମ ଦିଏ ତାରା ତାରା ଅନ୍ଧକାର ରାତ୍ରିର ଲାବଣ୍ୟ
ଅନୁପମ ଶିଲଂ।

■

ଜୟା

ଏ ମୋର ଇଚ୍ଛା ବି ସ୍ୱର୍ଗଜୟୀ
ଅପରିସୀମ ପ୍ରେମ ସ୍ନେହ ବି
ଅଥଚ ମରୁଭୂ ଧୂ ଧୂ ବାଲିଚର
ଚକ୍ରବାୟୁ ଯେ ସୂର୍ଯ୍ୟଦାହୀ
ତଥାପି ଫୁଟେ ମନ-
ରଂଗୀନ କରବୀ।

ତେବେ ବି ତ ବାଂଛିତ
ଶାନ୍ତି କିଛି
ପ୍ରତୀକ୍ଷିତ ଜୀବନେ
ସେଟିକ
ଯଦିଓ ତୃଷ୍ଣାର ନିଃସୀମ ପାରାବାର
କଲ୍ଲୋଳହୀନ ନିଶ୍ଚିହ୍ନ ବୀଚି
ତଥାପି ସାତରାଜର ଧନ
ଏକ ମାଣିକ।

ଅଥଚ ଫୁଟେ ମନ-
ରଂଗୀନ କରବୀ
ଶାଖେ ଶାଖେ ତା'ର କେତେ ହାହାକାର
ସୈକତବୃତ୍ତ ନିଷ୍ଠୁର ଆକାଶ ତା'ର;
ତଥାପି ଇଚ୍ଛା ମୋ ସ୍ୱର୍ଗଜୟୀ
ଅପରିସୀମ ପ୍ରେମ ସ୍ନେହ ବି!

ତିଲୋତ୍ତମା ସହର

ଫଳନ୍ତ କ୍ଷେତର ଆଉ ନାରଙ୍ଗ ମେଘର
ସ୍ତିମିତ ପରିଖା ଲଂଘି ଚାଲିଯିବା ସେ ସୀମାନ୍ତେ
        ସେ ପାରେ ମୋ ତିଲୋତ୍ତମା ଏକାନ୍ତ ସହର।
ଏ ସହର ସେ ସହର ନୁହେଁ
ମକ୍ଷିକା ଓ ମୂଷିକର ବ୍ୟୁହେ
ବିପନ୍ନ ଜୀବନ ତହି ଛୁଏଁ ନାହିଁ ତୃଷ୍ଣାର ପିଆଲା
ମିହି ଜରିକାମ ଆଉ ରେଶମ ଜଞ୍ଜାଳ ବୋଝ
        ନେଇ ଫେରିବାଲା
ଡାକଦେଇ ଲଘୁନିଦ ଭାଙ୍ଗିଦେଇ ଯାଏ ନାହିଁ
        ଦିବା ଦ୍ୱିପ୍ରହର
ସେ ସହର ନୁହେଁ ଏ ସହର !

ପାଣ୍ଡବ ବର୍ଜିତ ଦେଶ ନୁହେଁ ସେଇ ଦେଶ
ଭୁର୍ଜପତ୍ରେ ଲେଖା କେଉଁ ପାଣ୍ଡୁଲିପି ଅଧ୍ୟାୟର ଶେଷ
        ପୃଷ୍ଠାରେ ସେ ନୁହଇ ଧୂସର
ମାନ୍ଧାତା ଅମଳ ଏକ ଗୈରିକ ସହର !

ଏ ସହର ବସ୍ ଗାଡ଼ି ଆଉ ବିଜ୍ଞାପନ
ପଶାଛକି ଗଳିର ରୋମାଞ୍ଚ ଆଉ ଅଶ୍ଳୀଳ ଗୁଞ୍ଜନ
ନର୍ଦ୍ଦମାର ଅପଚୟ ଧାରା
ଚେନାଏ ଆକାଶ ସାଦା କଳା ଗେରୁ ଛିଟ ପାରା
ଆବର୍ତ୍ତନ ଛାଡ଼ି ଆସ
        ଆସ ସେଇ ନୂତନ ସହରେ
ଲାଜୁକ ବଧୁର ସମ ଫଳନ୍ତ କ୍ଷେତର ଆଉ
        ନାରଙ୍ଗ ମେଘର ଦେଶାନ୍ତରେ।

ସେଠାରେ ଆକାଶ
ପ୍ରଥମ ପ୍ରେମର ସମ ନଦୀର କରୁଣ ଜଳେ
ବର୍ଷୀୟସୀ ରୂପସୀ ଓ ବିଭାପାଇଁ ଡେରି ନାହିଁ ତରୁଣୀର ଭିଡ଼େ
ଆପଣାର କରଇ ତଲାସ ।

ପ୍ରବାସୀର ସମ ଆଉ ପ୍ରଣୟୀର ସମ
ନୁଆଁଣ ଗୃହର ଛାୟେ ସ୍ନେହଭିକ୍ଷୁ ମନ
ପ୍ରତୀକ୍ଷାର ଆଖି ଦୁଇ ଖୋଜ କରେ
ଆଉ ଯଦି ମିଳେ
କ୍ଳାନ୍ତପକ୍ଷ ପକ୍ଷୀ ସମ ନୀଡ଼େ ଫେରେ
ଛାଡ଼ି ମେଘ
ପାଶୋର ସ୍ନେହର ସମ ଆକାଶରେ ଛାଡ଼ି
ଆଉ ଛାଡ଼ି
ପଣନ୍ତର ବାୟୁ ସମ ନୀଳେ ।

ଯହିଁ ଆଖିର କଜ୍ଜ୍ୱଳ ଧୋଇଯାଏ
ପ୍ରତ୍ୟୟର ଲୁହେ,
ତହିଁ କିଛି ମିଥ୍ୟା
କେବେ ହୁଏ ?

■

ମୋର ପରିଚୟ

ମୁଁ ଲାବଣ୍ୟ ନଦୀତଟର
କାଶ ଗଜରାର
ଏକ ଗୀତବନ
ମତେ ଚୁମ୍ବି ତ ଓଠ ରାଗରେ
ରଚନା କର ।

ମୁଁ ସମୁଦ୍ର ଶିଉଳିରେ ନିମଜ୍ଜମାନ
ଏକ ନିଟୋଳ ମୁକ୍ତା
ମତେ ନୟନ ପକ୍ଷ୍ମତଳେ
ଲୁଚାଇଦିଅ ।

ଆଲୋକବୃତ୍ତରୁ ବଂଚିତ
ମୁଁ ଏକ ଜ୍ୟୋତିରିଙ୍ଗଣ
ଦିଅ ଦିଅ ମତେ ତୁମ ଅଞ୍ଜଳିର ଛାୟା ।

ତୁମ ପଦରୁ ସ୍ଖଳିତ
ମୁଁ ଏକ ନୂପୁର
ଅସ୍ୱୀକାର କରନା
ସେ ମୋର ପରିଚୟ ।

ଶାଖା

– ୧ –

ନାରଙ୍ଗୀ କାଗଜେ ଟଣା
ପେନ୍‌ସିଲ୍‌ର ଗାର
ପରି ଅସ୍ତ କାଞ୍ଚନରେ
କେତେଗୋଟି ତାର
ହରିଣ ଶିଙ୍ଗ ନକ୍‌ସାର ସେଇପାଖେ ନିଃସ୍ୱ ଶାଖା
ନିଃସହାୟ ହାତ
ଭିକ୍ଷାର ଅଞ୍ଜଳିପାଇଁ ଆକାଶର ସିଂହଦ୍ୱାରେ
ପ୍ରହାରେ ଆଘାତ ।
ରିକ୍ତ କରି ଦେବାପାଇଁ ଶାଖାଟିରେ
ନିର୍ଦ୍ଦେଶିଛି ନିରୁତ୍ତର କାହାର ଅଙ୍ଗୁଳି
ଫାଲ୍‌ଗୁନର ଭଣ୍ଡାରରେ
ଭରିବାକୁ ତା'ର ଶୂନ୍ୟ ଝୁଲି ।

– ୨ –

କାମନାର ବହୁରଙ୍ଗ ପଟଭୂମି ପରେ ଏକ
ନିଃସଙ୍ଗ ନିଶାଖା
ମୋ ପୁରୁଷକାର ସେଇ ଶାଖା
କି ଏକ ଐଶ୍ୱର୍ଯ୍ୟ କରିବାକୁ ପୂର୍ଣ୍ଣ ଥାଳ
ସର୍ବସ୍ୱ ହରଣ କରି
ସଜାଉଛ ପଥର କାଙ୍ଗାଳ ?

■

ଏକ ତାରା ଚିହ୍ନ ନେଇ

ଧବଳ ପାଲ ଉଡ଼ାଇ ତରୀଟିର
          ସମୁଦ୍ର ବିଳାସ
ତୁମେ ହିଁ ରଚନା କର,   ସ୍ଥବିର ଆକାଶ
ମେଘର ଓଢ଼ଣା ତଳେ   ଚିର ପୁରୁଷର
          ସୂର୍ଯ୍ୟସ୍ନାତ ଡେଣାରେ ଧୂସର।
ସମସ୍ତ ଦିବସ ଆହା ଅଳସ ଉଦାସ
ସମୟ ସମୁଦ୍ର ସ୍ଥିର
          ରାତ୍ରି ଏକ ନକ୍ଷତ୍ରର ରାସ।

ଏ ମୋର ଆକାଶ କିନ୍ତୁ ରୁକ୍ଷ
          ଅନାବୃତ
କଣ୍ଟକରେ ସୂର୍ଯ୍ୟର ବୃତ୍ତାନ୍ତ !
          ନାହିଁ ଏଥେ ପଥ !!
ଧୁମ୍ର ଧାରା ଦୁର୍ଦ୍ଦାନ୍ତ ପ୍ରପାତ
ଇନ୍ଦ୍ରଧନୁ (ଆଶାରଙ୍ଗ ଲେପ ନେଇ)
          କରାଇ ଅଙ୍କନ,
     ପାନୀୟ ସଞ୍ଚୟହୀନ ଶୈଳ !
କ୍ଷୀଣ ନାଡ଼ିର ସ୍ପନ୍ଦନ !!

ଆସେ ଏଥେ ତୁମରି ଆହ୍ୱାନ
ଏଇ ମାଟି ତୀର ତରୁ ତାରା ଶୁଚି ଶିଳା ସବୁଜ ବତାସ
     ଆଉ ଆରଣ୍ୟକ ଗାନ
ଛାଡ଼ି, ଇଚ୍ଛାହୁଏ ଭିଡ଼ି ତୁମ ସାଥେ
     ଏକାନ୍ତେ ନଙ୍ଗର
ଛାଡ଼ି ତଟ ଦୀପସ୍ତମ୍ଭ ସୌଖୀନ ବନ୍ଦର
ଯିବା ପାଇଁ ଦୂର ଦ୍ୱୀପେ

ବାହି ତୁମ ତରୀ
ଯହିଁ ସ୍ୱର୍ଗସ୍ପର୍ଶୀ ଗିରି
ହିଂସ୍ରଫଣା ତରଙ୍ଗ ପ୍ରହରୀ,
କୂଳହୀନ ଜଳ ଆଉ ମେଘ ତାରା
ଅଳସ ବତାସ
ସମୟ ନୀଳେ କେବଳ ସମୁଦ୍ର ବିଳାସ
ସମୁଦ୍ର ବିଳାସ।

ତଥାପି ଉଦ୍‌ବିଗ୍ନ ମନ
ଭୟଲାଗେ
ଯଦି ତରୀ ବୁଡ଼େ
ପ୍ରହାର ଖାଇ ସେ କେଉଁ ଜଳଡୁବୀ ପାହାଡ଼ର ଚୂଡ଼େ
ଅବା ବନ୍ଦୀ କରି ରଖେ ମଙ୍ଗତାର
କାହିଁ ଚୋରାବାଲି
ଆକାଶେ ସନ୍ଦେହୀ ଝଡ଼ ଇଡ଼ିଯାଏ କାଳି
ତରଙ୍ଗେ ତରଙ୍ଗେ ଉଡ଼େ ଉଭୟ ସଂକଳ୍ପ ଯଦି
ହୋଇ ଛିନ୍ନଧାରା
ଯଦି ଭିନ୍ନ ନାମେ ଚିହ୍ନ କରୁ ଦୁଇଜଣେ
ଏକ ନାମୀ ତାରା
ଦ୍ରାଘିମା ଆକ୍ଷାଂଶ ନେଇ ତର୍କ ଚାଲେ
ତାହା ହେଲେ କହ
ଜଳପଥ ଇନ୍ଦ୍ରଜାଲେ
କରିବ କେ ପ୍ରାଞ୍ଜଳ ଅନ୍ୱୟ ?

■

ଆୟତୀ

ମୁଁ ଆନନ୍ଦ ନୁହେଁ
ମୁଁ ଯନ୍ତ୍ରଣା ନୁହେଁ
ବିବର୍ତ୍ତନର ମୁଁ ଧାରାରେଖା ନୁହେଁ
କ୍ରାନ୍ତିର ସ୍ୱାକ୍ଷର ସଂବିତ୍ ବି ନୁହେଁ
ମୁଁ ବସ୍ତୁସ୍ଥିତିର ଏକ ବିପରୀତ ଆୟତନ।

ତୁମେ ଆନନ୍ଦର ଏକ ରୂପକ !
ଦ୍ରୁତ ଗତି ଯାନ
ଅତି ଆଧୁନିକ ରୁଚିସମ୍ମତ ବିଶ୍ରାମାଗାର
ସୁନ୍ଦରୀ ସହଚାରିଣୀ
ଦୀର୍ଘ ଅଙ୍କର ଲାଭପତ୍ର।
ନୈଶ ନୃତ୍ୟାଗାରର ନିଲୀନ ବସନା ଅପ୍ସରାବୃତ୍ତର
ତୁମେ କେନ୍ଦ୍ରବିନ୍ଦୁ !
ମହାର୍ଘ ସୁରାପାତ୍ରରୁ ତୁମେ କିନ୍ତୁ ଚୁମ୍ବନ କର
ବିନିଦ୍ର ରାତ୍ରିର ଯନ୍ତ୍ରଣା
ଯନ୍ତ୍ରଣା।
ଏକକ ଦଶକ ଶତକର ପରିଧି ପରିକ୍ରମଣ କରି
ତୁମେ ହୁଅ ଅନ୍ତ୍ୟ ମଧ୍ୟ ପରାର୍ଦ୍ଧ
ବିବର୍ତ୍ତନଚକ୍ରକୁ ପଶ୍ଚାତ୍ ପରିଚାଳନା କର ତୁମେ।
ତୁମେ ଚକିତ କର ବିପ୍ଳବର ବିଦ୍ୟୁତ୍
ବଜାଅ ବଜ୍ରର ବୀଣା
ବନ୍ୟାର ପ୍ଳାବନ ଆଣି ନିଜେ ଉଚ୍ଛେଦ କର ନିଜର ଆଧାରଶିଳା।
ଅସାଧାରଣ ମନଃସ୍ଥିତିରୁ ମୁଁ ଦେଖେଁ
ତୁମର ଅଧଃ ଊର୍ଦ୍ଧ୍ୱର ଲୀଳା
ମୁଁ ଏକ ବସ୍ତୁସ୍ଥିତିର ବିପରୀତ ଆୟତନ
କ୍ରାନ୍ତିର ସ୍ୱାକ୍ଷର ସଂବିତ୍ ବି ନୁହେଁ
ବିବର୍ତ୍ତନର ମୁଁ ଧାରାରେଖା ନୁହେଁ
ମୁଁ ଯନ୍ତ୍ରଣା ନୁହେଁ ମୁଁ ଆନନ୍ଦ ନୁହେଁ। ■

ଏକ ନିର୍ଜନ ମାଇଲ୍ ଖୁଣ୍ଟ

ଏ ଆକାଶ ସ୍ନେହ ନୀଳ ସବୁଜ ଏ ଘାସ
ଅଥବା ଘାସର ସ୍ନେହେ ସବୁଜ ବତାସ ।
ନିର୍ଜନ ମାଇଲ୍ ଖୁଣ୍ଟ- କଣ୍ଟକ କଣ୍ଟକ-
... ଭୁଲ ହୁଏ ନାମ
କେଉଁଆଡ଼େ ସୁଭଦ୍ରାର ଗ୍ରାମ ?

ରକ୍ତ ଚନ୍ଦନ ରଙ୍ଗର ବିଷଛତ୍ରୁ କଳାକଳା ପୋକ
ହରରଙ୍ଗୀ ସାଁବାଳୁଆ ଛଡ଼ାଇ ନିର୍ମୋକ
ପରୀ ରାଇଜର ଜେମା
ସାଜେ ପ୍ରଜାପତି
ମତ୍ସ୍ୟଗନ୍ଧ ପୋଛିଦେଇ ପାଲଟେ ଯୋଜନଗନ୍ଧା
ଆଜି ସତ୍ୟବତୀ !
ହଳଦୀ ରଙ୍ଗର ଛୋଟ ପକ୍ଷୀଟିଏ ସେଇ ଖୁଣ୍ଟଟିରେ
ଶୁଣାଏ ଶାଖାର ଆଉ ମେଘର କବିତା
ଭୀମ ପଲ୍ଲୀଶ୍ରୀରେ ।

ଅନେକ ଅନେକ ମାଇଲ୍-ସ୍ମୃତିର ମୋତି ମାଣିକ
ପଥର ସଂପୁଟ
ହଜିଗଲା ହାୟ ଏଥେ, ମୂକ ସାକ୍ଷୀ ତା'ର ମୁଇଁ
ସିମେଣ୍ଟର ଏ ମାଇଲ୍ ଖୁଣ୍ଟ
ଏପଥେ ପାଲିଙ୍କି ଗଲା ସାହାନା ତେଲଙ୍ଗୀ ବାଜା
ଛତର ବୈରଖ ପାଟ ଛତି
ଗଲେ ବି ଲାବଣ୍ୟଦେଈ କଳାବତୀ ରାଧା ଦମୟନ୍ତୀ
ଆଉ ଫେରି ତ ନାହାନ୍ତି

ବିଦାୟୀ ଅନ୍ତର ଛନଛନ
କରି ତ ନାହାନ୍ତି ଫେରି କଜ୍ଜ୍ୱଳିତ ଅଶ୍ରୁଧାରେ
ଆଉ ଆଉ ଥରେ ନିରୀକ୍ଷଣ !
ପକ୍ଷୀଟି ଯାଇଛି ଉଡ଼ି ମାଇଲ୍ ଖୁଣ୍ଟିଟିର ହସ
ଯେତେ ପୋଛି ନେଇ।
ସପନର ଡେଣାରେ ଡେଣାରେ

ଛାୟା ସବୁ ସ୍ମୃତି ପଥେ ଫେରେ:
ଆଜି ସବୁ ସେ ପ୍ରେମ ବୈଦେହୀ।

■

ସମ୍ରାଟ ନାହିଁ

ଏଇଠାରେ ଶିଳାନ୍ୟାସର ଶିଳା ନାହିଁ
ଶିଳାବତୀ ନଦୀ ନାହିଁ
ଦୁଃଶୀଳା ନାରୀ ଶାଳିନୀ ନଗରୀ ବି ନାହିଁ।
ତାମ୍ରପାତ୍ରୀ କୁଶମୁଦ୍ରାର ଅଙ୍ଗୀକାର ଜଳରେ
କେଉଁ ସମ୍ରାଟର ବାକ୍‌ଦତ୍ତା ଏ ଭୂମି
ଆଜି ଛାଡ଼ପତ୍ର ପରେ ଏକ ଅସାମାନ୍ୟ ଗଣିକା।
ତୁମେ ଏଥି ପଥ ଖୋଜ
ସ୍ୱରାଟର ମସିହାର ସନ୍ ଶତାବ୍ଦୀର
ବେଦ ଭାଷ୍ୟର
ସମ୍ରାଜ୍ଞୀର କେଶ ତମିସ୍ରାରେ ନୀଳ ମୁକ୍ତାର ଔଜ୍ଜ୍ୱଲ୍ୟର।

ମୋର ପଥେ କିନ୍ତୁ ଏକ ଛୋଟ ନଦୀ ବହେ
ବଗର ଡେଣାରେ ମୌନ ତପସ୍ୱିନୀ
ଛାୟା ନୀଳ ଇଚ୍ଛାମତୀ ନଦୀ
ଭୀରୁ, ନିମ୍ନ ପ୍ରାଥମିକ ସ୍କୁଲ ଛାତ୍ରୀ ସମ
ହାତେ ସ୍ଲେଟ ଛବିବହି ସ୍ୟାହି ଲେପ
ପ୍ରଥମ ଗଳ୍ପ ଲେଖାର କଳ୍ପନାର
ଉନ୍ମେଷମାଳିନୀ ମୁଖ
ପାଖେ ତା'ର ସହାଧ୍ୟାୟୀ ସମ ବନ
ନିଜନ
ନାମ ମାତ୍ର ଘର
ଆଲିଙ୍ଗନକାମୀ ଉଲଙ୍ଗ ସମଗ୍ର ବାହୁ ଧାନ ଶିଁଷା
କ୍ଷେତ
ବିଛାଇଛି ତା'ର ନରମ ନାରୀର ଶରୀର।

ସେଇଠି ସମ୍ରାଟ ନାହିଁ
ଅନୁଶାସନର ଶିଳା ପ୍ରତିଲିପି ନାହିଁ
ସେଇଠି ନୀଳେ ସବୁଜେ ପଥର ଜିଜ୍ଞାସା
ଭୁଲ ହୋଇଯାଏ।

ପ୍ରାନ୍ତର ମନ

ଫେନ ଉଚ୍ଛ୍ୱସିତ ବୁକ ତରଙ୍ଗ ବଳୟ ବାହୁ ତୁମରି ସମୁଦ୍ର ପ୍ରେମ
କହ କହ କାହିଁ ?
ଖାଲି ଗୈରିକ ତୃଷ୍ଣାରେ ଏ ପ୍ରାନ୍ତର ମନ
ସ୍ୱପ୍ନ ଦେଖେ ରୌଦ୍ରେ ଝଡ଼େ ଏକାନ୍ତ ଉନ୍ମନ ।
କେବେ ମେଘର ବନ୍ୟାରେ ଚିତ୍ର ପ୍ରତିମାର ସମ
କଜ୍ଜଳରେ ଲେଖା ତୁମ ରୂପ
ପ୍ରସ୍ତରର ନିବାରଣ ଏଡ଼ିଦେଇ ସେଇ ମନ ଫୁଲ ହୋଇ
ଉନ୍‌ମୁଖେ ଅନାଏ
ଅନିମେଷେ ବେଦନା ନିଶ୍ଚୁପ୍,
ଆକାଶର ଆରସୀରେ
ସେଇ ଛବିଟିକ ଯେବେ ନିମେଷେ ମିଳାଏ
କେଇଟି ବିନ୍ଦୁର ଶୈତ୍ୟ ବିତରଣ କରି ।
କ୍ଷଣେ ପ୍ରଣମେ ବେଦନା
ନୈଃସଙ୍ଗ୍ୟର । ନୈରାଶ୍ୟର ବହ୍ନି ଅବଗାହନର ଦାହେ
ସକଳ ସମୁଦ୍ର ସ୍ନେହ ଆଦିଗନ୍ତ ଆଲିଙ୍ଗିତ ନୀଳାର ସୀମନା
ସେ ବିନ୍ଦୁର ପରିଧିରେ ମୁଁ ପାଏଁ ମୁଁ ପାଏଁ ।
ତଥାପି ତ ସେ ସମୁଦ୍ର ଦୂର କେତେ ଦୂର

ତା'ର ଦ୍ୱୀପମାଳା ଶ୍ୟାମ ଅନ୍ତରୀପ
ରୁଣଝୁଣ ଝରଣା ନୂପୁର
ଲବଙ୍ଗର ବନ
ଆଉ ତୁମ ମନର ନିର୍ଜନ !
ସୂର୍ଯ୍ୟାସ୍ତର ତାରା ନୀଡ଼ ଫେରା ପକ୍ଷୀ କଳରବ
ଏକଦା ସନ୍ଧ୍ୟାରେ ଦେଖା ପଥଚାରିଣୀର
କେଶର ସୌରଭ ସମ
କେଉଁ ଏକ ଫୁଲର ସୌରଭ ! !

ଖାଲି ଗୈରିକ ତୃଷ୍ଣାରେ ଏ ପ୍ରାନ୍ତର ମନ
ସ୍ୱପ୍ନ ଦେଖେ
ଶିଳା ସ୍ନାୟୁ ତଟ ବାହୁ ପାଶଦେଇ ତାରେ
କରିବାକୁ ବ୍ୟଗ୍ର ଆଲିଙ୍ଗନ
ଜୁଆରର ମମତାରେ ଅବଗାହ
କେବେ ଅବା ଭଟ୍ଟାର ବିଦାୟ
କେବେ ଶୈତ୍ୟ କେବେ ରୌଦ୍ର ଦାହ
କେବେ ଅଶ୍ରୁ କେବେ ବା ଚୁମ୍ବନ
ତୁମରି ସମୁଦ୍ର ପ୍ରେମ ସ୍ୱପ୍ନ ଦେଖେ ଏ ପ୍ରାନ୍ତର ମନ ।

ରାସ୍ତା

ଏ ରାସ୍ତା ସେ ନୁହେଁ-
        ଶିଳାବତୀ
        ଊର୍ଦ୍ଧ୍ୱହିମେ ସମାଚ୍ଛନ୍ନ
ମୃତ୍ୟୁ ଐଶ୍ୱର୍ଯ୍ୟ ନନ୍ଦିତ ସେ ରାସ୍ତାର ଶେଷେ
                ମିଳେ ସ୍ୱର୍ଗରଥ।
        ଅବା ଲାଲ କଙ୍କରରେ ବନ୍ଧା
                ଦୁଇଧାର
        ଅଫୁରନ୍ତ ରଙ୍ଗେ ରଙ୍ଗେ ଫୁଟନ୍ତ ଲାଇଲାକ୍
        ଅର୍ଦ୍ଧବୃତ୍ତ ପୋର୍ଟିକରେ ଦୀପାନ୍ୱିତା ବସ୍ତ୍ରଲୀନ
                ନୂତନା ଲାବଣ୍ୟ।

ଏ ରାସ୍ତାରେ ରକ୍ତବୀର୍ଯ୍ୟ ଅସଂଖ୍ୟ ଜୀବାଣୁ
ତରଳ ତୈଳର ବାଷ୍ପେ
        ଅସହ୍ୟ ଗରମ
ଜୀର୍ଣ୍ଣ ବିପଣି ବିଥିର
        ଚଟୁଳ ବାକ୍ ଚତୁର ବଣିକ
ଖାଦ୍ୟ ଅପମିଶ୍ରଣରେ
        ବିଷାକ୍ତ ଭେଜାଲେ।
ଏ ରାସ୍ତାର ଶେଷ ଲୌହ ତୋରଣେ ଆବଦ୍ଧ
        ସଙ୍ଗୀନ୍ ପ୍ରହରୀ ଆଉ
                ଉଦ୍ଧତ ସିପାହୀ।

ଏ ରାସ୍ତା ସେ ନୁହେଁ

ସେ ରାସ୍ତା ଅପର

ଏ ରାସ୍ତାର ରମଣୀୟ ସେତୁ ଆଉ ନିର୍ଜନ ବଙ୍ଗଳା

ସେ ରାସ୍ତାରେ ନାହିଁ

ସେ ରାସ୍ତାର ତପ୍ତ ଧାରା ନଦୀ ଲଙ୍ଘି ଗଲେ

ମିଳେ ଶେଷେ କିନ୍ତୁ

ରୂପ ନାରାୟଣ।

ଅନେକ ବୃଶ୍ଚିକ ସାପ

ସେ ଦିନ ତୁମେ ଥିଲ
ଜଳଜଲତା ପରିହିତ ପୋଖରୀ ଧାରରେ
ପୁଷ୍ପକୁଣ୍ଠିତ ବର୍ଷୀୟସୀ କନିଅର ଶାଖାର ନିର୍ଜନରେ
ଗ୍ରାମଦେବତୀ ସମ
ମୋର ଈଶ୍ୱରୀ।
ତୁମ ପୃଷ୍ଠର ନିତମ୍ବର ବିଭକ୍ତି
ନାଭିମୁଦ୍ରା ତ୍ରିବଳୀ ସ୍ତନବୃତ୍ତ
କେଉଁ ଏକ ଦେଉଳର ଅପସାରିତ ପ୍ରତିମାରେ
କଳାକାରର ସମସ୍ତ ଷୋଡ଼ଶୀ ସ୍ୱପ୍ନର କାରୁକାର୍ଯ୍ୟ।

କ୍ଲାସର ଗଣିତ ଜ୍ୟାମିତି ପରିମିତି ଖାତାର ପଶ୍ଚାତ୍ ପୃଷ୍ଠାରେ
ତୁମେ ଥିଲ
ମୋର ଲୁକ୍‌କାୟିତ କବିତାର ରଚନା
ସମସ୍ତ ଇପ୍‌ସା ଅଭୀପ୍‌ସା ନେଇ ଉଲଗ୍ନ
ରୂପସୀ ଲାବଣ୍ୟ।

ଉଦୟ ଅସ୍ତ ତୁମରି ଭାନୁଛାୟା ସମ
ତୁମରେ ମୁଁ ପ୍ରଦକ୍ଷିଣ କରି ରାତ୍ରି ତୀରେ
ତୁମର ତନୁର ତିମିରେ
ମୁଁ ହେଉଥିଲି ବିଲୀନ

ଆଜି କିନ୍ତୁ ତୁମେ ପାଷାଣୀ ଲାବଣ୍ୟ
ଅହଲ୍ୟା ଉପଳତନୁ ତୁମ ଆର୍ଯ୍ୟ ହୋଇ ପାରିନି
ତୁମ ପୂଜା ବେଦୀର ପ୍ରସ୍ତର ତଳେ
ଅନେକ ବୃଶ୍ଚିକ
ସାପ।

ଆବିଷ୍କାର

ଛଳ ଛଳ ତରଙ୍ଗ ତରଙ୍ଗ ତଳେ
ମୋର ଅନ୍ତରର ସାଗରିକ ସ୍ରୋତ
ତୁମେ ତ ଆବିଷ୍କାର କରିନ ରାଧିକା,
ତୁହିନ ଶୁଭ୍ରମେରୁ ଆଲୋକରେ
ଅରୁନ୍ଧତୀର ଅସ୍ତଶେଖର ତଳେ
ଅନ୍ତୁଡ଼ିର ଶଯ୍ୟା ଛାଡ଼ି
ବିଷୁବ ପରିଧିର ମରୁଭୂ ଉପକୂଳରେ
ସେ ଯେ ଜଳୀୟ ବାଷ୍ପ ହୋଇ ହୋଇଯାଏ ।
ସୂର୍ଯ୍ୟର ତୋରଣ ତଳେ ଆହା ମୃତ୍ୟୁ ତାର !

ରୌଦ୍ର ସ୍ନିଗ୍ଧ କଳସୀ କାଖରେ
ଲାବଣ୍ୟବତୀ ଏଥେ ଆସେନା
ଦୀପଛାୟା ତିମିରିତ ଯମୁନାର ନୀଳ ସ୍ରୋତ
ନୁହେଁ ଏ ରାଧିକା !
ଶଙ୍ଖ ଶିପ ଜଳକୀଟ ସଂକୁଳ ଏ ସ୍ରୋତ
ସମୁଦ୍ରର ପଙ୍କ କଳଙ୍କିତ ।
ଯାର ଗତିପଥ
ଭଗ୍ନପୋତ କଙ୍କାଳ କଣ୍ଟକ ପ୍ରତିହତ !
ମୃତ୍ୟୁର ସ୍ଥବିର ଛାୟା- ଛାୟା କେତେ ମୃତ ସଭ୍ୟତାର
ଭୌଗଳିକ ବିପ୍ଳାତର- ମୃତ୍ତିକାର ଗର୍ଭବେଦନାର ।

ଆକାଶର ନୀଳ ବନ୍ୟାତଳେ
ହୁଏତ ଦେଖିଛ ତୁମ ଶାନ୍ତ ଉପକୂଳେ
ଏ ସ୍ରୋତର ବହିଃରୂପ
ଛଳ ଛଳ ତରଙ୍ଗ ମେଖଳା

ଦନ୍ତରୁଚି ଝଲମଲ ଜ୍ୟୋସ୍ନାର ଚୁମ୍ବନେ
ପାଲଟେ ଏ ରୂପସୀ ଝରଣା।

ଅପରୂପ ରୂପରଙ୍ଗ ଲୋଭେ
ଡୁବଦେବ ଏ ତରଙ୍ଗତଳେ
ଦେଖିବାକୁ ସାଗରିକ ସ୍ରୋତର ନର୍ତ୍ତନ
ଅଥବା ସ୍ୱପ୍ନପ୍ରବାଳ ରଙ୍ଗ ଆହରଣ ?
ବରଂ
ତଟ ଉପଳ ଅଚଳ ବୃକ୍ଷ ଶାଖାତଳେ
ଛିଡ଼ା ହୋଇ ଦେଖ ଆହା ଚୂର୍ଣ୍ଣ ସୂର୍ଯ୍ୟମାୟା।
ଯେ ବେଦନା
ପ୍ରବାହ ବିଲୁପ୍ତ,
ମିଥ୍ୟାରେ ତାହାରେ ଆଉ ଆବିଷ୍କାର କରି
ପରିବ୍ୟାପ୍ତ କରନା କରନା।

ଏକ ସଞ୍ଚୟ

କଣ୍ଟକ ବାହୁରେ
ଯେବେ ମୁଁ ହୁଏଁ ରକ୍ତପ୍ଲାବୀ
ବାଦାମୀ ଶରୀର ନେଇ
ମୁଁ ଯଦି ହୁଏଁ ଶରଶଯ୍ୟାରେ
ସୂର୍ଯ୍ୟତପା
ତୁମେ ପଲ୍ଲବୀଶାଖାର ସ୍ନେହ ନେଇ
ଏକ ଫୁଲର ବଲ୍ଲଭୀ ରୂପ ନେଇ
ରୂପସୀର ନାଭିଘ୍ରାଣ ନେଇ
ମୋ ଉପରେ ନଇଁପଡ଼ ।

ମୁଁ ଯଦି ଡାଳିମ୍ବ ହୋଇ
ଫାଟି ପଡ଼ନ୍ତି ମୁକ୍ତା ଓ ପଦ୍ମରାଗର ହସରେ
ମଧୁର ଦ୍ରବଣ ହୋଇ
ପ୍ରବାହିତ ହୋଇ ଯାଆନ୍ତି
ତୁମ ଅଧର ପାଖୁଡ଼ା ତଳେ
ଦନ୍ତ-ପରାଗ ଦେଇ ଜିହ୍ୱାର
ମୃଣାଳ ମୂଳରେ, ହୁଏତ
ମୁଁ ସଞ୍ଚୟ କରି ପାଇପାରନ୍ତି
ଏକ ସୂର୍ଯ୍ୟ ବୀଜ ।

■

ଗଙ୍ଗାଜଳର କଳସ

କଉଡ଼ିଧବଳ ଜ୍ୟୋତ୍ସ୍ନା କ୍ରମେ କ୍ରମେ ହୁଅଇ ସ୍ତିମିତ
ଏ ନିଶିଥ ନକ୍ଷତ୍ର ନିଶିଥ
ଖଡ଼ିର ପାହାଡ଼ ପରେ ଅବାକ୍ ପ୍ରେତିନୀ ସବୁ
ଭୁଲିନି କି ସବୁ ଅବସାଦ
ଏ ବିସ୍ମୟ ବନେ ଆଜି ଖୋଜିବୁଲେ ଶରୀର ସ୍ୱାଦ !
ନିର୍ଜନ କେତୋଟି ଫୁଲ ସୁରଭିତ କରେ ଅନ୍ଧକାର
ଉଲଙ୍ଗ ଛାୟାର ସମ ସମସ୍ତ ପ୍ରେମିକ ପ୍ରେତ
ପ୍ରେମିକାରେ ଖୋଜିବୁଲେ ତା'ର

ଲୋମହର୍ଷେ ଆଘ୍ରାଣରେ ଆସ୍ୱାଦରେ ଲାଳସାରେ
ହୃଦୟର ବ୍ୟୁହେ
ଏ ସୁନ୍ଦରୀ ଭୂମି ଏଇ ସର୍ପଗନ୍ଧା ବନସବୁ
ମାୟାବୀ ନଦୀ ସେପାର
ଏକ ଦେଶ ବୋଲି ଆହା
ତେଣୁ ମନେ ହୁଏ ।

ତଥାପି ନକ୍ଷତ୍ରସବୁ ନିକଟତମ ଏଠାରେ
ଆଉ ସବୁ ମୃତ ନରନାରୀ
ଏଶିରୀୟ ମିଶରୀୟ ବିଦିଶାର ଦରବେସ୍
ବାସନା ପସାରୀ
ନିକଟତମ ଏଠାରେ । ମୃତ୍ୟୁରେ ଦଳିତ କରି
ଗାଇବାକୁ ଜୀବନର ଜୟ
ବୈତରଣୀ ଜଳ ଶବ୍ଦ ପଶ୍ଚାତରେ ରଖି, ଭୁଲି
ଯେତେ ମୃତ ଆକାଶର ଭୟ
ରୂପବନ୍ତ ରୂପବନ୍ତୀ; ରାତ୍ରିର ଶିଶିର ଜଳେ
ଜ୍ୟୋତ୍ସ୍ନାସମ ଆସେ

ଠିକ୍ ଏଇ ପୃଥିବୀର ସମସ୍ତ ପ୍ରେମିକ ଯଥା
ସମାଜ ଦର୍ଶନ ତତ୍ତ୍ୱ ରାଜନୀତି ଭୁଲି
ଆସେ ସବୁ ଲୁଣି ବାସ୍ନା ପ୍ରେମିକାର ପାଶେ ।

ଏ ମୋର ହୃଦୟ ଏକ ପ୍ରେତାତ୍ମା ପୁରୁଷ
ଫଗୁଳ ଫାଲଗୁନ ଆଉ ପୋଷିତ ପଉଷ
ପରିଧିରେ ନିଃଶେଷିତ ହେଲା କେବେ
ମାନବିକ ପ୍ରାଣ ?

ଚନ୍ଦନ ବାଷ୍ପ ଚିତାର ନେଇ ଘୃତଘ୍ରାଣ
ତୁମେ ନିକି ଛିଡ଼ାଥିଲ
ଏଇ ପୃଥିବୀର ସବୁ ପ୍ରେମିକାର ପରି
ନିର୍ଜନ ପ୍ରେମର ରୂପ ସମସ୍ତ ପାଶୋରି ?

ଏଇ ବିସ୍ମୟର ରାତେ ସେଇ ସବୁ ମୃତ ପ୍ରେମ
ସ୍ୱପ୍ନନେଇ ପୁଣି ଜୀଏଁ ଜୀଏଁ ନା କି !
ମୃତ୍ୟୁ ତାରେ କରିନି ନିଃଶେଷ ?
ସ୍ପୃହା ଶ୍ରଦ୍ଧା ସ୍ନେହଶୀଳ ଜୀବନର ଫେଣ
ରହିଯାଏ କିଛି ଅବଶେଷ
ଶଙ୍ଖ ଦେହେ ସମୁଦ୍ରର ଚିହ୍ନ ସମ ?
ତେଣୁ ଏଇ ନିର୍ଜନ ନିଶିଥ
ନୀଳ ଅତ୍ୟାଚାରେ ସେଇ ପ୍ରେତ ହୃଦ ନେଇ
ତୁମରି ନିକଟେ ପୁନଃ ହୁଏ ଉପନୀତ ।
ନିଭାଇବା ପାଇଁ ଯେତେ ଅସମାପ୍ତ କାମନାର
ଅଶ୍ଳୀଳ ପରଶ
ଚିତାଭସ୍ମ ପରେ ଆଜି ଢାଳି ଯାଅ ଯାଅ
ଏକ ଗଙ୍ଗାଜଳର କଳସ ।

■

ଉପନାୟିକାମାନେ

ଝରକାର ଫ୍ରେମେ ବନ୍ଧା
ଏକଫାଳ ଆକାଶର ନୀଳେ
ଏ ପୃଥିବୀର ଅନ୍ଧକାରେ ହଜିଲା କସ୍ତୁରୀ
ହୁଏତ ବା କିଛି କିଛି ମିଳେ ।

ସେସବୁ ମାନୁଷୀ
ଯିଏ ଆକାଶଗଙ୍ଗାର
ବନ୍ୟା ଆଣିଥିଲେ
ମାଟିର ଅଙ୍ଗାର
ଅସ୍ୱୀକାରି, ସେସମସ୍ତ
ଉପନାୟିକାର ନାଁ
ପଞ୍ଜିକାରୁ ଲିଭିଆସେ
ତଥାପି ତା'ର କା'ଳି ତ ଲିଭେନା ।
ସେସବୁ କେ ବିଜୁଳୀର ନାମେ ତାରା ନାମେ
ଉଷା ନାମେ ଫେରି ଫେରି ଆସେ
ଝରକାର ଫ୍ରେମ ଦେଇ
ମନର ଆକାଶେ ।

ନାମ ନୁହେଁ
ସ୍ନାନାଗାରେ ଏକ ଲୋମ ମୁଦ୍ରା ସାବୁନର
ପୋଛି ହେବ
ଟାଣିନେଇ ଶାଢ଼ୀର ଅଞ୍ଚଳ ।

ତା'ର ସ୍ୱାଦ
ତା'ର ସବୁ ଶବ୍ଦର ତରଙ୍ଗ
ଅବାକ୍ ସାରସର ସଂବୃତ ଡେଣା ତଳେ
ମୁକ୍ତାବିକଚ ପ୍ରବାଳରଙ୍ଗ
ତା'ର ଛାୟା
ତଣ୍ଡୁଳେ ଓ ତିଳେ
ଝରକାର ଫ୍ରେମେ ବନ୍ଧା
ଏକଫାଳ ଆକାଶର ନୀଳେ
ହୁଏତ ବା କିଛି କିଛି ମିଳେ ।

■

ସାପଦେଖା

ମୁଁ ଦେଖିନି ତା'ର
ନିଷିଦ୍ଧ ଫଳଶାଖାରେ ସ୍ୱର୍ଗ ଅରଣ୍ୟର
ଉଲଗ୍ନ ଆଦିମ ନାରୀ-ଲୁବ୍‌ଧକର ରୂପ
ଅବା
ଫଣି ମନସାର ଫୁଲେ ପ୍ରବୁଦ୍ଧ କୁଣ୍ଡଳୀ
ରନ୍ଧ୍ରଯୁକ୍ତ ଫଣା ।

ମୁଁ ଦେଖିନି ତା'ର
ଶିଶିରର ଶସ୍ୟ କ୍ଷେତ୍ରେ ଶୀତ ଶୀର୍ଣ୍ଣ ଦେହ
ଦୀର୍ଘସୂତ୍ର କୃଷକର ଚୁଲ୍ଲୀ ବହ୍ନି ପାଶେ
କ୍ରମଶଃ କ୍ରମଶଃ ଉଗ୍ର ଉଷ୍ଣ ରଜ୍ଜୁ ରୂପ ।
ଅବା
ଉର୍ବଶୀର ପଦପ୍ରାନ୍ତେ ମନ୍ଥିତ ସାଗରେ
ଆଦିମ ବସନ୍ତ ପ୍ରାତେଃ ତରଙ୍ଗର ସମ
ମନ୍ତ୍ରଶାନ୍ତ ଖେଳ ।

ମୁଁ ତାରେ ଦେଖିଲି ହିମ ମୃତ୍ୟୁ ହାତ ସମ
କ୍ରମପ୍ରସାରିତ ଧୀରଗତି ଶବ୍ଦହୀନ ।
ବଂଶ ଆଚ୍ଛନ୍ନ ବଲ୍ମିକ ତିମିର ବିବରେ
ହଠାତ୍ ତା'ପରେ
କାଳ ବୈଶାଖୀର ଝଡ଼ସମ ଦୃପ୍ତ ଶିର
ତଡ଼ିତ ଚକିତ ଜିଭ; ଚକ୍ଷୁତଳେ ତା'ର
ମୁଁ ଦେଖିଲି ମରୁଭୂମି ଶୁଷ୍କ ବକ୍ଷ ପରେ
ତୃଷାର୍ତ୍ତ ମୃଗତୃଷ୍ଣାର ରିମ୍‌ଝିମ୍ ନାଚ ।

ମୁଁ ତାରେ ଦେଖିଲି ନୀଳକଣ୍ଠ ଗଳଲଗ୍ନ
ଊର୍ଦ୍ଧ୍ୱେ ଧୂମକେତୁ ସ୍ପର୍ଦ୍ଧି ପିଙ୍ଗଳାଭ ଜଟ
ବବମ୍ ବବମ୍ ଗାଲବାଦ୍ୟ, ସ୍ୱରେ ଥପ୍ ଥପ୍
ପାତ୍ର ଭାଙ୍ଗି ବିଷ,
ତା'ର ଊର୍ଦ୍ଧ୍ୱେ ମୁଁ ଦେଖିଲି ଶୁଭ୍ର ଚେତନାର
ଗଙ୍ଗାର ଅବତରଣ...
ମୁଁ ଦେଖିଲି ସାପ ।

ସ୍ୱର୍ଗର ଚାବି

ଏଥେ କାହିଁ ନଦୀ ତୀର୍ଥ ବି ନାହିଁ
ନିରୁପାୟ ବାଲି ରୋଜ
ତଥାପି ପ୍ରବାଦ ନାୟିକାର ଚାଲେ ଖୋଜ।
ପର ମେଘ ସ୍ତର ମେଘ ସ୍ତୁପମେଘ ମେଦୁର ମେଘ ଯା' ଥାଏ
ଦିଗନ୍ତ ନୀଳେ କି ରୂପ ମିଳାଏ ଅନୁମାନ ନାହିଁ ପାଏ
ଖାଲି ଏଥେ ଜଳେ ଏକ ନିରୁକ୍ତ କାମନାର ସ୍ମିତ ଶିଖା
ଗଢ଼ା ଯାଏ ତେଣୁ ଦକ୍ଷିଣା ରୂପେ
ବହୁ ମୁଦ୍ରାର ଟିକା।

ପଛରେ ପକାଇ ଆଉ ଯାହା କିଛି କାମ ଓ ଧାମର ମାନେ
ଯିଏ ଆସେ ଏଥେ ଯେଉଁ ଅଦୃଶ୍ୟ
ହାତଗଣ୍ଠିର ଟାଣେ
ଜପାମାଳା ଧରି ରୁଦ୍ରାକ୍ଷ ଗଣେ ଉର୍ଦ୍ଧ୍ୱମୁଖରେ ଭାବି
ହୁଏତ ହଠାତ୍ ହାତେ ବା ପଡ଼ିବ ଆସି ସ୍ୱର୍ଗର ଚାବି।
ଗଣ୍ଠିଲି ଖୋଲା ଦେଖି ଯେବେ ଉଠେ
ଫେରିବାର ବାଟ ଶୋଚି
ବାଲୁକା ଚିତ୍ର ଯେତେ ତା'ର ପଦଚିହ୍ନ ଯାଇଛି ପୋଛି
ଜୀବନର ଯାହା ସାଦାକଳା ଆଉ ମାପ୍‌ଚୁପ୍ କମ୍ ବେଶୀ
କାହାର କି ଏକ ନିର୍ଦ୍ଦୟ ହାତ ସକଳ ଦେଇଛି ପେଷି!

ତା'ର ପରେ ବହି ନାମାବଳି ଛାପ ଗେରୁ କୌପୀନ ପଟ
ଦ୍ରଷ୍ଟାର ରୂପେ ନିଜ ନାମ ଡାକେ ଥାପେ ଏଥି ଏକ ମଠ,
ପଛେ ଆସେ ଏଥେ ମକ୍ଷିକା ସମ ଯେତେକ ଆଶୀଷକାମୀ
ମଷିଣର ଜୟଜୟକାର କରେ ହସଇ
ଉପରେ ଅନ୍ତର୍ଯ୍ୟାମୀ।

■

୪୦ | ବିନୋଦ ଚନ୍ଦ୍ର ନାୟକ

ହାତ

ଚିତ୍ର ତାରକାର ପ୍ରଚାରପତ୍ର ତଳେ
ସକଳ ସର୍ବତୋଭଦ୍ର ସଜନ ସନ୍ଧ୍ୟା
ନିଃଶେଷ କରି ଗଳିର ଆଲୋକ ଗ୍ଲାନିରେ
ଦେଖେଁ ଗଣିକା ସବୁର
ଅନାତ୍ମୀୟ ଅଙ୍ଗୀକାର, ତାର ପରେ
ଏକ ଅଚଳ ମୁଦ୍ରାର ଦକ୍ଷିଣାରେ
ସିଗାରେଟ ଧୂମାଚ୍ଛନ୍ନ ମନ।
ଆଗରେ ଅଲେଖ ଧୂଳିର
ଅଜସ୍ର ରାସ୍ତା ଆଉ ବର୍ଣ୍ଣ ଶଙ୍କରୀର
ବିଷଲିପ୍ତ ଶରସମ ସରଳ ଶରୀର
ଉଦ୍ଧତ ନରମ ବୁକୁ କେଉଁ ରହସ୍ୟ ସ୍ୱପ୍ନର
ନିର୍ଜନ ସାଙ୍ଗ୍ରିଲା।
ଏ ସମସ୍ତ ଜାରଜ ଜୀବନ!!
ବନ୍ଧ୍ୟା ସହରର ନିଅନ୍ ଆଲୁଅ ନିଝୁମ ନିଝୁମ,
ଅର୍ଦ୍ଧରାତ୍ର ବୋଧେ!
ସ୍ୱପ୍ନାତୁର ଏ ମୁହୂର୍ତ୍ତର ଅନ୍ତତଃ ପ୍ରଭାତ
କେତେ ଡେରି? ସାଗ୍ନିକ ଦିନର
ପ୍ରଖରତା ପୋଛିଦେଇ ସମସ୍ତ ରହସ୍ୟ ନୀଳ
କରି ଦେବି ଗିନି।
ସମୟର ଚକ ଘୂରେ? କେ ଘୂରାଏ
କେଉଁଠି ହ୍ୟାଣ୍ଡଲ୍?
ତାହାର ମୁଠାରେ ସାଥେ ରଖିବାକୁ ଯୋଗ
ଦିଅ ଏକ ଇସ୍‌ପାତର ହାତ
ଲଲାଟରେ ସ୍ୱେଦ ଆଉ
ସ୍ନାୟୁରେ ଚକ୍ଷୁରେ
ରକ୍ତର ନିଶାଣ।

■

ଶିବ

ପଦତଳର ମୃତ୍ତିକାରେ
ସମସ୍ତ ମର୍କତ ଲିଙ୍ଗ ଆଜି ପ୍ରୋଥିତ
ଏବେ ତୁମେ ମୋତେ ହିଁ ରମଣ କର
ଉଗ୍ରତାରା !
ପ୍ରକାଶିତ ପରିବେଶର ବିମ୍ବରେ
ମୁଁ ହିଁ ପ୍ରସ୍ଫୁଟିତ ଜ୍ୟୋତି କମଳ !
ମୁଁ ହିଁ ଶିବ ! !

ମୋର ବିଷାଣ ଘୋଷରେ ସମାଧିର ଦ୍ୱାର ଉନ୍ମୁକ୍ତ ହୁଏ
ଉନ୍ମୁକ୍ତ ହୁଏ ମୃତ୍ୟୁର ପୂର୍ବେ ଅନ୍ଧକାରର
କଙ୍କାଳର ଅଙ୍ଗାରର ପୂର୍ବେ ଯାହାକିଛି
ପ୍ରେମ ଥିଲା ଆକାଙ୍‌କ୍ଷା ଥିଲା ପ୍ରସ୍ତର ଚିତ୍ର ଲୌହ ଲେଖନର
ପୋଥିପତ୍ରରେ ଶୃଙ୍ଗାରର ଲିପି ଥିଲା ।
ରକ୍ତ ଲୋହିତ ଭୂମିରେ ଲେହନ କରେ ମୁଁ
ତୃତୀୟ ନୟନର ଅଗ୍ନିପିଣ୍ଡରେ ଭଗ୍ନ ହୋଇଯାଏ ସବୁ ବଳି ସ୍ତମ୍ଭ
ଦକ୍ଷିଣାବର୍ତ୍ତ ଶଙ୍ଖର ତୀର୍ଥଜଳରେ ସଂକଳ୍ପ ମୁଁ
ମୁଁ ଆଣେ ଅନାଗତର ଜନ୍ମକୁଣ୍ଡଳୀରେ
ରିଷ୍ଟ ଖଣ୍ଡନ ଓ କଲ୍ୟାଣ
ମୁଁ ହିଁ ଶିବ ।

କ୍ଷମତା ଉଦ୍ଧତ ହାତର କରୁଣାର ଦାନ
ଭିକ୍ଷାଞ୍ଜଳିରେ ଗ୍ରହଣ କରି ଯେ ସମସ୍ତ ଊର୍ଦ୍ଧ୍ୱମୁଖ
ଗ୍ଲାନିହୀନ ଚେତନାହୀନ
ଋତୁ ତିଥି ମୃତ୍ୟୁ ରୀତି ହୀନ
ସେ ସମସ୍ତ ପ୍ରେତ ଘୃଣାରେ ମୁଁ ତୃଣ ସମ ଦହନ କରେ
ଆଉ ଅନ୍ତହୀନ କରୁଣ ଇଚ୍ଛାର ଚିହ୍ନ ଜନ୍ମର ଚିହ୍ନ
ଚିହ୍ନାଇଦିଏ ମୁଁ- ମୁହଁ ହିଁ ଭୂମିଷ୍ଠ
ମୁଁ ହିଁ ଶିବ । ■

କବି (ହିତୋପଦେଶ)

ଶୁଣ ଭାଗିନେୟ,
ମୁଁ ଦିଏନା ପୁତନାର ବିଷସ୍ତନ ଭୟ,
ବିବସନା ପାଞ୍ଚାଳୀର ରୂପ ଦେଖା ପାଇଁ
ଅବା ପ୍ରତିଶ୍ରୁତି !

ମୁଁ ନୁହେଁ ବି ସେନାପତି ବିଧାନୀ ମନର
କୁଚକ୍ରର କାରୁକାର୍ଯ୍ୟ
ଚିତ୍ରାଦେଈର ପ୍ରଣୟୀ ବ୍ୟସନୀ ନାଜର !!
ସୁତରାଂ କଣ୍ଟକ ଗୁଳ୍ମବୃତ୍ତର ବିବରେ
ସଂପାଦିତ ତୁମ ଗ୍ରନ୍ଥାବଳୀ
ହୁକ୍‌କା ଓ ହୁୟାର ଯେତେ ବ୍ୟାଖ୍ୟା ଯେତେ ଭାଷା
ହରରଙ୍ଗୀ ମଲାଟର ସଂସ୍କରଣେ ଲୋଡ଼ା ନାହିଁ ମୋର।

ଶୁଣ ଭାଗିନେୟ
ହୁଏ ତ ରଜକ ଭାଣ୍ଡ ନୀଳବର୍ଣ୍ଣ ରାଜଛତ୍ର ଦିଏ
ହୁଏ ତ ତୈଳାକ୍ତ କଥା
ଦନ୍ତାବଳେ ଆଣେ
କର୍ଦ୍ଦମର ପଥେ
ତଥାପି ନରମ ମାଂସ ଲାଳସାରେ ତୁମେ କେବେ ମର
କୃଷକର ଲଗୁଡ଼ ପ୍ରହାରେ।
ତୁମରି ପ୍ରସ୍ତାବ- ପୁଚ୍ଛ ପରିହାର ଅନାସ୍ଥାରେ ଯାଏ,
ସୁତରାଂ
ତୁମରି ସବୁ ନୂଆ ଦୃଷ୍ଟିକୋଣ
ପାଦଟୀକା ସମ୍ବଳିତ ବହୁ ଗବେଷଣା
ଅବିଶ୍ୱାସ୍ୟ ମୋର।

ବିଷ୍ଣୁଶର୍ମା କଳ୍ପନାରୁ ପ୍ରସ୍ତୁତ ମୁଁ କବି
ସମ୍ଭବ ବି ହୁଏ ଯୁଗେ ଯୁଗେ
ତୁମେ ଯଦି କହ କଥା ଲୟ ମୂର୍ଚ୍ଛନାର
ଶାର୍ଦ୍ଦୂଳ ବିକ୍ରିଡ଼ିତ ବା ଗୋମୂତ୍ର ଛନ୍ଦର
ମୂର୍ଖ ତୁମେ।
ସୁତରାଂ
ହେଉ ନା ଏ କାକୁଡ଼ିର କ୍ଷେତ
ହେଉନା ଏ ଚୌର କର୍ମ ଅନ୍ୟଥା ଘୃଣିତ
କ୍ଷେତ୍ରପାଳ ଯଷ୍ଟି ମଧ୍ୟ ଉତ୍ତୋଳିତ ରହୁ
ଶୁଭୁ ପଛେ ଶଙ୍ଖସ୍ୱନ ସମକଣ୍ଠ ମୋର
ମୁଁ କରିବି ଗୀତ
ଦେଖ ଦେଖ ଚନ୍ଦ୍ରମୟୀ ରାତି
ଶୁଣ ଭାଗିନେୟ।

■

କେଡ଼େ କୁତ୍ସିତ

ସ୍ନାନ ଯାତ୍ରାର ପଥରେ ଯେତେବେଳେ
ତୁମେ ଅଶୁଚି ବସ୍ତ୍ରରେ ଛିଡ଼ା ହୋଇଥିଲ
ସେତେବେଳେ ନୁହେଁ

ତରଳ ପର ପରି ଅଶ୍ରୁର ଧାର
ଜଳର ଅକ୍ଷରରେ ତୁମର ପକ୍ଷ୍ମରେ ପକ୍ଷ୍ମରେ
ଯେତେବେଳେ କେଉଁ ଅପରିଚ୍ଛନ୍ନ ସ୍ମୃତି ଲେଖୁଥିଲା
ସେତେବେଳେ ନୁହେଁ

ସ୍ୱେଦକ୍ଳିନ୍ନ
ଅସଂବୃତ୍ତ କେଶ ବାସରେ
ସମସ୍ତ ସଂଭ୍ରମ ପାଶୋରି ଦେଇ
ଯେତେବେଳେ ଅଶ୍ଳୀଳ କଥା ସବୁ
ଛୁଞ୍ଚିପରି ବିନ୍ଧ କରୁଥିଲ
ସେତେବେଳେ ବି ନୁହେଁ

ଉତ୍ତୀର୍ଣ୍ଣ ରାତ୍ରିର ମିଳନୀରେ
ସ୍ତନରେଖା ମୁକ୍ତ କାଞ୍ଚୁଲୀ ପରିହିତ ତୁମେ
ଯେତେବେଳେ କ'ଣ ଗୋଟାଏ କହି
ରଙ୍ଗ ଚିତ୍ରିତ ଅଧରରେ କିଞ୍ଚିତ ହସି
ପୁରୁଷ ବନ୍ଧୁ ବୃତ୍ତରେ ବିଦ୍ୟୁତ୍ ଉଦ୍ଭାସିତ କଲ
ସେତେବେଳେ ତୁମେ କେଡ଼େ କୁତ୍ସିତ ଦିଶିଲ ସତେ
କେଡ଼େ କୁତ୍ସିତ ।

ଛୁଟି

ସେ ପଥଶେଷରେ ଆଉ
ଦୁଇଟି ଶ୍ୱେତ ହଂସର ପ୍ରତୀକ୍ଷା ନାହିଁ
ଅଛି କେବଳ
ଅଞ୍ଜନରୁ ଅନ୍ଧକାର
ଏକ କଳାବିରାଡ଼ିର ବିଦ୍ୟୁତ୍ ଦୃଷ୍ଟି
କନଭେଣ୍ଟ କ୍ଲବ୍ ଗଲ୍ଫ କୋଟ୍
ରାସ୍ତାପାଖ ନର୍ଦ୍ଦମାରେ ବ୍ରିଜ୍‌ର ଛାୟା
ତଳେ ଭୂମିଷ୍ଠ ଶିଶୁର ବଂଚିବା ପାଇଁ ପ୍ରାର୍ଥନା
ଆଉ
ନୂଆ ଫେସନ୍ ଗୀତର ତୈଳାକ୍ତ ଘୋଷଣା।

କାଠଚମ୍ପା ଆଉ ମାଣସାରୁର ଫ୍ରେମ୍‌ରେ ବନ୍ଧା
ଇସ୍କୁଲ ଘରର ଛାୟା
ଶସ୍ୟ କିଆରୀର କଞ୍ଚା ନରମଘ୍ରାଣ ଜଡ଼ିତ ଜଳରେ
ପଞ୍ଚମୀ ଚନ୍ଦ୍ରର ଛାୟା
ଆଉ ସୁସୁପ୍ତ ଲୋକାଳୟର
ଜ୍ୟୋତିରିଙ୍ଗଣ ଝିଲ୍‌ମିଲ୍ କଞ୍ଚନ ଗଛର ଛାୟା
ତଳେ ଦୁଇଟି ଶ୍ୱେତହଂସର ପ୍ରତୀକ୍ଷା ଆଉ ନାହିଁ।

ଲଙ୍କାଗଛର ପରିଣତ ଫଳର ରଙ୍ଗ ନେଇ
ସେ ପଥଶେଷର ଦିନସବୁ ଆଜି ଟକ୍‌ଟକ୍ ଲାଲ।
ରେଶମୀ ଫିତାର ସମ ସବୁଜ
ସେ ପଥର ଶେଷେ
ସୁନାର ଓଜନରେ ମୂଲ ଛୁଟିର ସେ ଦିନ ସବୁ କାହିଁ
ଏ ଦିନ ସବୁ ଏଇ ଧରିତ୍ରୀର ?
ଏଇ ଆକାଶର ?
ଅଥବା ଅନ୍ୟ କା'ର ?

■

ନାଗଫେଣୀ

ଅପରିଣାମଦର୍ଶୀ ସ୍ନିଗ୍ଧତା
ଏବଂ
ଉତ୍ତେଜିତ ବୃନ୍ତରେ ବିକଶିତ
ଏଇସବୁ ନାରଙ୍ଗ ରଙ୍ଗର ଫୁଲ
ଯେପରି ଏକ
ରକ୍ତ କଙ୍କର ଏବଂ ପ୍ରସ୍ତରୀଭୂତ ଭୂମିର
ଚତୁର ସୃଷ୍ଟିର
ଦ୍ୱେଷଯୁକ୍ତ ପ୍ରେମର ଅଭିବ୍ୟକ୍ତି

ପୁଣ୍ୟ ଓ ପାପର ଭ୍ରାନ୍ତିରୁ ଅସ୍ପୃଶ୍ୟ
ଏହାର ଜନ୍ମ ମହାନାଶାର
ଆନ୍ତରିକ ଅବଶୋଷରୁ।
ନିଜର ଜନ୍ମ ଓ ବିସ୍ତାର ପାଇଁ
ଏ ଯେଉଁ ବାୟୁମଣ୍ଡଳର ଅନୁସନ୍ଧାନ କରେ
ତାହାରି ପାଇଁ ଥାଏ
ନା ମୋର ନା ଅନ୍ୟ କାହାର
କୌଣସି ପ୍ରତିଦ୍ୱନ୍ଦ୍ବିତା।

କିନ୍ତୁ ଯୁଗଯୁଗର ଉପରାନ୍ତ
ଯେତେବେଳେ ଛୋଟ ଛୋଟ ଉପସ୍ଥିତିକୁ
ସ୍ୱୀକାର କରେଁ
ସେତେବେଳେ ମୋର ନାଭି ମୁଦ୍ରାରେ
ଅନୁଭବ କରେ ଏକ ବୈଦ୍ୟୁତିକ ଚଞ୍ଚଳତା
ଏବଂ
ଜିହ୍ୱା ହୁଏ ରସ ସ୍ନିଗ୍ଧ।

ଫସିଲ ନୁହଁ: ଭୀମଭୋଇଙ୍କୁ

ଖଣିଜ ରଙ୍ଗର ଏ ସାଗର
ହୁଏତ ମୋର ଅତୀତ ସମ
ଦିଗନ୍ତ ବିସ୍ତାରିତ
ହୁଏତ ବା ମୋର ଭବିଷ୍ୟତ ସମ
ତରଙ୍ଗ ଚକିତ ।
ତୁମେ କିନ୍ତୁ
ଏ ସାଗର ତଳର
ଗଭୀର ସାଗର
ତଳର ଗଭୀର ସାଗର
ତଳର
ଶିଳା ସଂକ୍ରାନ୍ତିରେ
ଅନିନ୍ଦ୍ୟ ଅବର୍ଣ୍ଣ୍ୟ ମାଛର ବିଦ୍ୟୁତ୍ ।

ଏ ପୃଥିବୀର ଆଦିମ ଅରଣ୍ୟ
ସୌରକଣା ସଞ୍ଚୟ କରି
ଖଣିର ପାତାଳ ତଳେ ଯେ ଫସିଲ ସୃଷ୍ଟି କରେ
ଫେର କେବେ ରଶ୍ମି ବିକେନ୍ଦ୍ରୀକରଣର
ସ୍ୱାକ୍ଷର ରଖି
ସେ ଫସିଲ୍ ତୁମେ ନୁହଁ
ସ୍ୱୟଂକ୍ରିୟ ପ୍ରସ୍ଫୁରକ ଆଲୋକର ଆଲିଙ୍ଗନ ସେ
ତୁମେ ଚିତ୍ରଗ୍ରୀବ
ଅଗ୍ନ୍ୟାଘାତ ଆବର୍ତ୍ତିତ
ଭଗ୍ନପୋତ କଣ୍ଟକିତ
ସାଗର ଶଯ୍ୟାର ଅଖଣ୍ଡ ଅନ୍ଧକାର ମଧ୍ୟରେ
ଚେତନାର ତୁମେ ଜ୍ୟୋତିବିନ୍ଦୁ !

୪୮ | ବିନୋଦ ଚନ୍ଦ୍ର ନାୟକ

ଯେ ବୀକ୍ଷଣ ଯନ୍ତ୍ର
ଏନ୍ଡ୍ରୋମିଦା ବା ଅଶ୍ୱଶିର ନକ୍ଷତ୍ର ଚିତ୍ରର
ପରିଧି ଅତିକ୍ରମ କରି
ନିୟୁତ ନିୟୁତ ଆଲୋକ ସମ୍ୱତ୍ସର ସେପାରେ
ବିଶ୍ୱ ପରିସ୍ଥିତିର ବିଧି ଗଣନା କରେ
ସେ ତୁମର ରଶ୍ମିରେଖା ଧରି ପାରେନା;
ସେ କେବଳ ଉର୍ଦ୍ଧ୍ୱରେତା !
ସୃଜନର ନାଭିମୁଦ୍ରାର ତଳେ
ନାଭିମୁଦ୍ରାର ମୁଦ୍ରାର
ତଳେ
ନାଭିମୁଦ୍ରାର ସୁସ୍ୱାଦୁ ଅନ୍ଧକାର ମଧ୍ୟରେ
ଆଗାମୀ କାଳବୃତ୍ତର
ତୁମେ ସଂଚିତ ପ୍ରାଣବୀଜ
ଅସ୍ୱାଦ୍ୟ, ଅଘ୍ରାଣ୍ୟ, ଅଶ୍ରାବ୍ୟ, ଅଦୃଶ୍ୟ, ଅସ୍ପୃଶ୍ୟ
ତଥାପି ତୁମେ
ସତ୍ୟ ଓ ସତ୍ୟ ।

ଅନ୍ୟ ସାବୁନ

ଖାଲି ମାନସାଙ୍କ ହିସାବରେ
ମୁଁ କି ଦେଖିଛି ତୁମ ଆଙ୍ଗିକ ବିସ୍ତାର
ଊରଭରୁ ନିତମ୍ବର ସ୍ଥିତି ନେଇ ସୌନ୍ଦର୍ଯ୍ୟ ସନାକ୍ତ
ଖାଲି କି ଦେଖିଛି କେଉଁ ପ୍ରସାଧନ ବିଜ୍ଞାପନ ନେଇ
ତୁମ ରୂପ ଚିତ୍ର ମକରୀର ।

ରାତ୍ରିର ନଗରୀ ଶିରେ ବେତାରର ସଙ୍କେତ ମିନାର୍
ତୀବ୍ର ଲାଲ ଆଲୋକ ରେଖାରେ
ଯେଉଁପରି
ଆକାଶ ଘୋଷଣା କରେ
ମୋ ଚକ୍ଷୁର ପିତୁଳା ଦୃଷ୍ଟିରେ
ତୁମେ ସେ ଆକାଶ
ମେଦସ୍ନିଗ୍ଧ
ଅଥଚ
ରକ୍ତଚାପହୀନ !

ସମସ୍ତ ରୋଗ ଉପାନ୍ତେ ସ୍ନିଗ୍ଧ ନିରାମୟ
ନିଶ୍ଚିନ୍ତ ସ୍ୱାସ୍ଥ୍ୟର ରୂପ
ମଧ୍ୟାହ୍ନ ନିଦ୍ରାର ଅନ୍ତେ ପ୍ରଚୁର ସାବୁନ ଦେଇ
ଉଷ୍ଣ ଧାରା ସ୍ନାନ
ସବୁ କିଛି ସଜୀବ ସହଜ ।
ତଥାପି ସେ ରୂପତଳେ ଏତେ ଘୃଣା ଏତେ ତାପ
ଛଳନାର ଏତେ ଜାଲ-
ସ୍ୱେଦ ଓ ଇତର ଗନ୍ଧ ଧୋଇଦେଲା ପରି
ଏସବୁରେ ପୋଛି ଦେବା ପାଇଁ
ଅନ୍ୟ କିଛି ନାହିଁ କି ସାବୁନ ?

ରୂପମ୍

ତୁମେ ନୁହଁ
ଅରଣ୍ୟ ପ୍ରକୀର୍ଣ୍ଣ ଛାୟା ବାଦାମୀ ପାହାଡ଼
ସୁତରାଂ ସୂର୍ଯ୍ୟ ଘୋଷଣା ଆଣେନା ସହଜ
ତୁମ ମନ ସବୁଜେ ଓ ନୀଳେ
ସହର୍ଷ କାକଳୀ।

ତରଙ୍ଗ କଲ୍ୟାଣୀ ଏକ ନଦୀ ନୁହେଁ
ତୁମରି ହୃଦୟ
ଦ୍ରଷ୍ଟବ୍ୟ ଆଲୋକ ନେଇ
ଶୁଣାଇବ କମଳ କାହାଣୀ।

ଜୀବନ କଣ୍ଟକକୀର୍ଣ୍ଣ, ବିଛଣାର ଅନ୍ଧକାରେ ତୁମେ
ତୁମେ ଏକ ଅସୁସ୍ଥ ମର୍ବିଡ଼
ବିରୁଡ଼ିର ନାହୁଡ଼ର ସୁପ୍ତ ବିଷ ଦେଇ
ପ୍ରେମେ ସ୍ନେହେ ଦ୍ୱେଷ ଯୁକ୍ତ କର।

ସୂର୍ଯ୍ୟ ସ୍ନିଗ୍ଧତାରେ ମୂର୍ତ୍ତ
ଶବ୍ଦସବୁ ମାନବିକ ନୁହେଁ।
ସାପଖେଳା ମନ୍ତ୍ରର ସମାନ
ଯେଉଁ ଶବ୍ଦସବୁ ତୁମେ ଉଚ୍ଚାରଣ କର
ତିମିରର ଆବର୍ତ୍ତରେ
କାମନାର ଉଗ୍ରକେତୁ ସେସବୁ ବୃଶ୍ଚିକା।

ନା ନା ତେଣୁ ଏ ନାରଙ୍ଗ ରୌଦ୍ରର ବାହାର
ତୁମ କକ୍ଷ ଉପତ୍ୟକା ଘନିଷ୍ଠ ସଙ୍କଟେ
ଆଣୁ ପଛେ ରଙ୍ଗୀନ୍ ଫାଲ୍‌ଗୁନ
ଆସନା ଆସନା !
ଥର ଥର ସୂର୍ଯ୍ୟାଲୋକ ଆକାଙ୍‌କ୍ଷାରେ ଯା' କିଛି
ବିଂବିତ
ସେ ତ ତୁମେ ନୁହଁ !

ସବୁ ରଙ୍ଗ ପୋଛି ଦେଇ
ଅନ୍ଧକାରେ ବରଂ ତୁମେ ଆସ
ଘୃଣା ମିଥ୍ୟା ପ୍ରବଞ୍ଚନା ବିଭସ୍ତତା ନେଇ
ସମସ୍ତ ଉଲଙ୍ଗ ରୂପ
ଅନ୍ତତଃ ମୁଁ ସତ୍ୟରୂପେ ପାଏଁ।

ଏକ ବିନ୍ଦୁ ବର୍ତ୍ତମାନ

ଅତୀତର ଅକଳନ କର୍ମିଷ୍ଠ ଯନ୍ତ୍ରଣା
ପଶ୍ଚାତର ହିମବିଦ୍ଧ ବର୍ତ୍ମ ଓ ସଙ୍କଟ,
ମୁଁ ସେ ବର୍ତ୍ତମାନ
ଆଶଙ୍କାର ରୁଦ୍ଧ ଉତ୍ସ
ଅଜି ମୁକ୍ତ ଦୂରନ୍ତ ଝରଣା ।

କାହିଁ ଅଗ୍ରେ ମହାକାଳ ସମୁଦ୍ରର ଗାଲବାଦ୍ୟ
ଢୋଲ କି ଧ୍ରିମିତା ?
ଦୂରପଥ: ବାଲୁଚର ସୂର୍ଯ୍ୟାସ୍ତ ଧୂଳିରଞ୍ଜିତ କ୍ୟାକ୍‌ଟସ୍
ମୃତ
ଶୂନ୍ୟ ଉପତ୍ୟକା
ତଥାପି ମୁଁ ସ୍ରୋତ
ସେ ପଥର ପ୍ରୀତା ।

ବାଜିବ କି ଗାନ୍ଧାରରେ ବନ୍ଧାବୀଣା ଘେରି ବଜ୍ରବାହୁ
ଯଦି ଶୋଇପଡ଼େ ?
ଯଦି ପଥ ଭୁଲିଯାଏଁ
ଅନ୍ଧକାର
ଚକିତ କି ହେବ ନାହିଁ ବିଦ୍ୟୁତର ଦୀପେ ?
ସ୍ନାୟୁ ଚଞ୍ଚଳିତ କରି ଉଠିବନି ପଞ୍ଚମ ମହ୍ଲାର ?

ମିଳନର ଶର୍ବରୀରେ ଏକ ବିନ୍ଦୁ ବର୍ତ୍ତମାନ
ଏକ ବିନ୍ଦୁ କାଳକୂଟ
ତୋଳି
ହେ ମୋର ପରମ ପ୍ରିୟ ଭରିବ କି ତୃଷ୍ଣାର ଅଞ୍ଜଳି !

କବିତା ବନିତା

ତୁମେ ଯଦି ମୂର୍ତ୍ତ ମୋ ସ୍ୱାକ୍ଷର
ନଗ୍ନତାର ଅନାଚାର ଅସ୍ୱୀକାର କରି
ଊର୍ଦ୍ଧ୍ୱବାହୁ ଉଠ
ଅନୁବର୍ତ୍ତନ ଶାଖାର ପ୍ରବାହେ ଅସ୍ଫୁଟ
ତୁମେ ନୁହଁ,
ତୁମେ ଘୃତ ଦୀପ୍ତ ହୋମ ଶିଖା ।
ତୁମେ ନୁହଁ ପାଦ ଟୀକା
ତୁମେ ଶ୍ଳୋକ ଅଥର୍ବର ଅନନ୍ୟ ତାନ୍ତ୍ରିକା
ତୁମେ ଯାଜ୍ଞସେନୀ
ପ୍ରଚଣ୍ଡ ରୋଷରେ ରୁକ୍ଷ ରକ୍ତତୃଷ୍ଣ ତୁମ ମୁକ୍ତ ବେଣୀ ।

କିନ୍ତୁ ଯଦି ଐଶ୍ୱର୍ଯ୍ୟର ଶୌର୍ଯ୍ୟର କାମିନୀ
ହୁଅ ଉପନଦୀ
ନିମ୍ନ ହିମ ଆବର୍ତ୍ତରେ ମୃତ୍ୟୁ ହେଉ ତୁମରି ଦ୍ରୌପଦୀ ।
ତୁମରେ ମୁଁ ଅସ୍ୱୀକାରି ଅଦ୍ୱାନ୍ଦିକ
କୁଣ୍ଠାହୀନ ମନେ
ନିଃସଙ୍ଗ ଚଳିବି ଏକା ଅଗ୍ରଦୃଷ୍ଟି
ଶୃଙ୍ଗ ଆରୋହଣେ ।

ହେ ଅର୍କିଡ୍ ! ହେ ଅର୍କିଡ୍ !

ଅର୍କିଡ୍‌ର ସ୍ନିଗ୍ଧତାରେ ଅନାବୃତ ବାରନ୍ଦାରେ ତୁମେ
ଆଉ କିଛିକ୍ଷଣ ଛିଡ଼ା ରୁହ
ବସ୍ତ୍ରହରଣ ନଗ୍ନତା ନେଇ ଆଉ ନୁହେଁ
ପୋହଳାର ବିଷର୍ଣ୍ଣ ଲେଗୁନ୍
ଛାଡ଼ି, ଅଳାଇଚ ଦ୍ୱୀପେ ଯେ ନାବିକ ଦିକ୍‌ଭ୍ରାନ୍ତ
ତା'ର ଦୃଷ୍ଟି ନେଇ ମଧୁର ଜଳ ସଞ୍ଚୟ ବାଲୁକାର
ତଟେ
ପ୍ରଚୁର ବିଶ୍ରାମ ସମ ତୁମରେ ମୁଁ ଦେଖେଁ
ହେ ସାରସୀ ! ହେ ସାରସୀ !

ତୁମରେ ମୁଁ ଦେଖେ
ଅପର୍ଯ୍ୟାପ୍ତ ତୃଣପ୍ରାନ୍ତରରେ
ସ୍ତନଭାରେ ଅଳସ ମନ୍ଥର
ଧାରୋଷ୍ଣ ଦୁଗ୍ଧର ସମ ଏକ ଶ୍ୱେତ ଧେନୁ
ତୁମେ ଆଣ
ମୌସୁମୀର ସ୍ୱପ୍ନ
ପ୍ରସ୍ତରର ଆଲିଙ୍ଗନେ
ଝରଣାର 'ଛାଡ଼ ଛାଡ଼, କି ଫାଜିଲ !' ଗାନ
ଦୂରେ ଦୂରେ ମେଘେ ମେଘେ ବାହୁଲଗ୍ନ
ସେ ମୃତ୍ତିକା ! ସେ ମୃତ୍ତିକା !

ଏ ଅର୍କିଡ୍ ବାୟୁବୀୟ ଚେର
ଜାଣେ ଜାଣେ କଣ୍ଠଲଗ୍ନ କରିବନି ତରୁ
କଂକ୍ରିଟ ପୋର୍ଟିକୋର ଛାୟାତଳେ ପୁଷ୍ପବୃନ୍ତ ତା'ର
ସୂର୍ଯ୍ୟ ସନ୍ଧାନରେ ନୁହେଁ ତଥାପି ତଥାପି
ନିମ୍ନମୁଖୀ
ପରିଧାନେ ପ୍ରସାଧନେ ବର୍ଣ୍ଣେ ବହୁବିଧ
ଅନ୍ତର୍ବାସହୀନ ହେ ଅର୍କିଡ୍ ! ହେ ଅର୍କିଡ୍ !

■

ମୃତ୍ୟୁର ସାମ୍ନାରେ

ଶୂନ୍ୟ ଶାଖାଟିରେ
ଭାରସାମ୍ୟ ରଖି ନପାରି
ସର୍କସର ସିହାଣୀ ନର୍ତ୍ତକୀ ପରି
ତଳକୁ ଝୁଲି ଘାସର ଆସ୍ତରଣ ଉପରେ
ହଠାତ୍ ସେ ତଳକୁ ଖସି ପଡ଼ିଲା

ତା'ର ବର୍ତ୍ତୁଳ ଚକ୍ଷୁର ନୀଳା
କ୍ରମଶଃ ଜଳବିନ୍ଦୁର ସମ ସ୍ଫଟିକ
ହେଲା । ସେ ଚକ୍ଷୁର ଯେ ସ୍ୱପ୍ନ ଟିକକ
ଥିଲା: ବଂଶ ଅରଣ୍ୟ ଗୃଧ୍ରଶୃଙ୍ଗ ପାଣିଚିଆ ନୀଳ
ଆକାଶର ଚିଲ
ଛାୟା ନିମ୍ନେ କଳ କଳ ନିର୍ଝର
ଆଉ ସବୁଜ ଝିଣ୍ଟିକାର ଝିଁ ଝିଁ ସ୍ୱର
ତା'ର ଉପରେ କଫିନର ପରି ବର୍ଣ୍ଣହୀନ
ଅଥଚ କଠିନ
ମୃତ୍ୟୁକୁ ମୁଁ ସାମ୍ନାସାମ୍ନି ଦେଖିଲି
ପାଦର ଅଙ୍ଗୁଳି
ଶୂନ୍ୟକୁ ପରିଧି କରି
ଆବଦ୍ଧ ହେଲା ଯେପରି
ସମାଧିମଗ୍ନ କାରୁଣିକ ବୁଦ୍ଧର ଅଭୟ ମୁଦ୍ରା ।
ଡେଣା ଦୁଇଟି ତା'ର

ସଂପ୍ରସାରିତ ହେଲା । ଆହାର
ଆଉ ପ୍ରଭାତ ରବି ରଶ୍ମି ଲଲାଟରେ ରଖି
ସହ ନାଗରୀ ଶ୍ରୀମତୀ ପକ୍ଷୀ
ଗହଣରେ ଶୂନ୍ୟ ଫସଲ କ୍ଷେତ ଅଭିମୁଖରେ

ଅଥବା କେଉଁ ରହସ୍ୟ ଦ୍ୱୀପରେ
ବାୟୁ ସ୍ତରେ ସ୍ତରେ
ଉଡ଼ିଯିବା ପାଇଁ ନୁହେଁ। ଅଥଚ
ଶରୀରର ଅତୀତ
ସୀମାନାକୁ ଉଡ଼ିଯିବା ପାଇଁ ଶରୀରର
ଏକ ପ୍ରୟାସ
ଯଦିଓ ଶରୀରର ରକ୍ତ ଓ ନିର୍ଯ୍ୟାସ
ଅଥର୍ବ: ସେ କ'ଣ ମୃତ୍ୟୁ
ଶ୍ୟାମ ସମାନ
ଅଥବା ମୃତ୍ୟୁ ସହ ସଂଗ୍ରାମ
କିମ୍ବା କିଏ ଜାଣେ ଅନ୍ୟ କେଉଁ ନାମ ?

■

ପ୍ରତିମା ଢଳାଇ

ଆକ୍ଷରିକ ଅଶ୍ରୁ ମଧ୍ୟେ ତୁମ
ଖାଲି ପାଏଁ ମେଧାବୀ ମିଥ୍ୟାର ଏକ ନିରୁପାୟ କାରୁକୃତି
ତେଣୁ ଗ୍ରାମ ସୁଆଙ୍ଗର ବିଦାୟୀ ପ୍ରେମିକ କଥାରେ
ମୁଖସ୍ଥ ପାର୍ଟର ଆବୃତ୍ତି ମୋର ଲୋଡ଼ା ନାହିଁ !
ତେବେ ଇଚ୍ଛା ହୁଏ କ'ଣ ଜାଣ ?
ସିଧାସିଧି ଚାଲି ଯିବାପାଇଁ କେଉଁ
ପାହାଡ଼ ଶିଖରେ ଯହିଁ ଖାଲି ଦୁଃଶାସନ ଝଡ଼ର ନଖର
ନିରାଟ ଉଦ୍ଧତ ଶିଳା
ବକ୍ଷରେ ସ୍ୱାକ୍ଷର ।
ସଦ୍ୟ ଦୁହାଁ ଦୁଗ୍ଧ ସମ ଉଷ୍ଣ ନିର୍ମଳ ହାୱାରେ କେବଳ
କ୍ଷିତି ଛାୟା କ୍ଷିତିଜ ବଳୟ
ଆଉ ତା'ରି ମଧ୍ୟେ ମୁଁ ଏକ ଆନନ୍ଦ ବୃକ୍ଷର
ସବୁଜ କଜ୍ୱଳ କଜ୍ୱଳ ଉପଳଖଣ୍ଡ, ବାଇଗଣୀ ସାପ ।

ଆଉ ଯଦି ବକ୍ଷେ ଦୁଃଖ ଉଠେ
ବଣିକସମୃଦ୍ଧ କେଉଁ ନଗରର ଆକାଶଛୁଆଁ ହର୍ମ୍ୟସବୁର
ଗମ୍ବୁଜ ସମାନ ତେବେ ନିମ୍ନେ ଚାଲିଯିବା ଭଲ
ଯହିଁ ନିର୍ଝର
ବୀର୍ଯ୍ୟଶୁଳ୍‌କା ନାରୀ ସେ ତ ନୁହେଁ, ତେଣୁ ସୁମିତ
ସଫେନ ଶୀକର ହର୍ଷ ସର୍ବାଙ୍ଗେ ବିଛାଏ
ଲାବଣ୍ୟବତୀର ବାହୁବନ୍ଧ ସ୍ୱେଦ ସମ

ସୁଶୀତଳ ସ୍ନିଗ୍ଧ ଗାଢ଼ ।
ତହିଁ ହୁଏନା କି
ମନ ଶାଶ୍ୱତ ପ୍ରକୃତି ଛାଞ୍ଚେ ଢଳାଇ ଏକ ନିଖୁଣ ପ୍ରତିମା
ଢେଉର ନିବିଡ଼ ଆଶ୍ଲେଷେ ପୋହଳାର ପାଖୁଡ଼ା
ଯେଉଁପରି ଗଢ଼ିଉଠେ ଠିକ୍ ସେହିପରି ।

ବୃକ୍ଷଠାରୁ

ଖାଲି ଏକ ବୃକ୍ଷସମ ଅନାୟାସେ ଆକାଶ ଛୁଇଁବା
ଏତେ ବଡ଼ ଶାଳୀନତା
କାହିଁ କହ କାହିଁ ?
ଶାଖେ ଶାଖେ ମୁଠା ମୁଠା ନୀଳାର ଚୁମ୍ବକି
ତଳେ ଗେରୁଆ ଧୂଳିର ସହଜ ସଂସାର
କେ ଯୋଗାଡ଼ କରେ ?

ବାଦଲ ବ୍ୟାହତ ଗ୍ଲାନି ଦିବସର ମାୟାବୀ ଆଲୋକ
ବୃକ୍ଷର ବିଶାଳ ବକ୍ଷେ ମୌନତାର
ଅଖଣ୍ଡ ମହିମା
ତପନ ବିହୀନ ଘନ ତମସାର ହଠାତ୍ ବିଦ୍ୟୁତେ
ନିରୁକ୍ତ ନିର୍ବାକ
ମୁଁ କିନ୍ତୁ ଦେଖିଛି !

ପ୍ରଗାଢ଼ ବିଶ୍ୱାସ ନେଇ ଜୀବନର ନିଃସଙ୍ଗ ଏକକ
ଊର୍ଦ୍ଧ୍ୱକୁ ଚାହିଁବା
ସୃଷ୍ଟିର ଆଦିମ ଅଗ୍ନି ସବୁଜ ସ୍ଫୁଲିଙ୍ଗ ସମ
ନୂତନ ତନ୍ତ୍ରକୁ ଫେର ଫେରି ଫେରି ଯିବା
ମେକିଠାଟ୍ ଡ୍ରେନ୍‌ଧୂଳି ମଶାମାଛି
ରକ୍ତଶବ୍ଦ ମୃତ୍ୟୁଶବ୍ଦ ମଧ୍ୟେ
ବୃକ୍ଷଠାରୁ
ସେ ମନ୍ତ୍ର ଶିଖିଛି ।

ହୁଏତ ବା ଆକାଶ ଛୁଇଁବା ପରି ଏତେ ବଡ଼ ଶାଳୀନତା
ଅନାୟାସେ ଦୁଇ ହାତେ ମିଳିଯାଇପାରେ ।

■

ମୁଁ ଆସୁଛି

ମୁଁ ଆସୁଛି !
ଏ ନଗରୀର ତୋରଣ ବାହି
ତୁମର ଶୋଭାଯାତ୍ରାର ସର୍ବଶେଷ ଭାଗରେ
ତୁମର ପୃଷ୍ଠଦେଶରେ
ମୋର କଳା ଛାୟାର ବଲ୍ଲମ ବିଦ୍ଧ କରି
ନଗ୍ନପଦ
ପ୍ରେତାତ୍ମା ସମ ମୁଁ ଆସୁଛି ।
ମୁଁ ଆସୁଛି ।

ତୁମର ପାନୀୟ ପାତ୍ରରେ
ଏକ ସଂକ୍ରାମୀ ନୀଳ ମକ୍ଷିକା ମୁଁ,
ତୁମର ଆରାମ କେଦାରରେ
ମଧ୍ୟାହ୍ନ ବିଶ୍ରାମର ଏକ ଦୁଃସ୍ୱପ୍ନ ମୁଁ
ତୁମର ସଂଗ୍ରାମୀ ମନର
ଲଜ୍ଜାକର ପରାଜୟର ଏକ ଗ୍ଲାନି ମୁଁ
ଆସୁଛି ।
ମୁଁ ଆସୁଛି ।

ତୁମ ପ୍ରଣୟିନୀର ସ୍ତନବୃନ୍ତରେ
ତୁମର ଆଗାମୀ ସନ୍ତାନ ପାଇଁ
ଏକ ବିନ୍ଦୁ
ଦୁଗ୍ଧର ସଂଚୟ ମୁଁ
ମୁଁ ଆସୁଛି ।

ମୋର ପରିଧିର ତରଙ୍ଗ ତରଙ୍ଗରେ ଫେନାୟିତ
ତୁମର ସମସ୍ତ ଅପକର୍ମର ପ୍ରତିଷେଧ
ମୋର କଣ୍ଠର ସମୁଦ୍ର ଶଙ୍ଖରେ ପ୍ରତିଧ୍ୱନିତ
ତୁମର ସମସ୍ତ ଫନ୍ଦିବାଜିର ପ୍ରତିବାଦ
ମୋର ରକ୍ତର ଶ୍ୱେତ କଣିକାରେ ଉଦ୍‌ବମିତ
ତୁମର ସମସ୍ତ ଧର୍ଷଣର ପ୍ରତିରୋଧ
ମୁଁ ଆସୁଛି ।

ମୋର ଆଗମନୀର ତୂର୍ଯ୍ୟନାଦ ନାହିଁ
ରଥଚକ୍ରର ଘଷଣ ଘୋଷ ନାହିଁ
ବନ୍ଦାପନାର ମାଲ୍ୟ କୁଙ୍କୁମ ନାହିଁ
ତୁମ ଯଶୋଭୂମିରେ
ସନ୍ଧ୍ୟାର କ୍ରମବର୍ଦ୍ଧିଷ୍ଣୁ କୃଷ୍ଣଛାୟା ପରି ମୁଁ
ଆସୁଛି
ମୁଁ ଆସୁଛି

ମୁଁ ଆସୁଛି ।

■

ମୁଠାଏ ମୃତ୍ତିକା

ମୁଠାଏ ମୃତ୍ତିକା ଦିଅ !
ନା ନା ଏ ମୃତ୍ତିକା ନୁହେଁ
କଉଡ଼ି କୃପଣ ଶ୍ରେଷ୍ଠୀ ଯନ୍ତ୍ର ଚକ୍ରେ
କ୍ଷରିତ ମୃତ୍ତିକା !
ଡେସିମିଲ୍ ପରିମାଣେ କ୍ରୟ ବିକ୍ରୟର ବିନିମୟେ
ଜିଲବୀ ଛକର ମଧ୍ୟେ ତୋଳିବାକୁ
ଶୀତତାପ ନିୟନ୍ତ୍ରିତ
ହର୍ମ୍ୟେ ହର୍ମ୍ୟେ ଶିଖା ।

ମୁଠାଏ ମୃତ୍ତିକା ଦିଅ !
ନା ନା ଏ ମୃତ୍ତିକା ନୁହେଁ
ଶିଳାସ୍ତନ ଅହଲ୍ୟା ମୃତ୍ତିକା !
ଜାରଜ ଜନନ ପରେ ଜରାୟୁ ଯା ସ୍ଫୀତ ନୁହେଁ
ମୌସୁମୀର ସୁଏ
ସ୍ଫୀତ ହୁଏ ସୃଜି ମରୀଚିକା !

ମୁଠାଏ ମୃତ୍ତିକା ଦିଅ !
ସହସ୍ର ସଂଭାବନାର ଯେ ମୃତ୍ତିକା ହୁଏ
କର୍ଷଣର ଆକାଙ୍କ୍ଷାରେ ଉତ୍କଣ୍ଠିତା
ବ୍ୟଗ୍ର ବାହୁ କୁମାରୀ ମୃତ୍ତିକା !
ଲଙ୍ଗଳ ମୁଷ୍ଟି କାଠିନ୍ୟେ ଶ୍ରମସ୍ୱେଦେ ଲୁହେ
ଆଜି ମୁଁ ଜନକ ହେବି
ଜନ୍ମ ଦେବି ସୀତା ।

ତୀର ତରୁ ତାରା

ନୃ ମୁଣ୍ଡର ଲିପି ସମ ଉର୍ଦ୍ଧ୍ୱାବର୍ତ୍ତ ତୀର
ନିମ୍ନେ ନିଃସ୍ୱନୀର- ପ୍ରବହମାନ ଏ ମହାପୃଥିବୀର
ଯଥା ଏକ ନାଡ଼ୀର ସ୍ପନ୍ଦନ !
କେଉଁ ପ୍ରତ୍ୟାଶାରେ ତୀରେ ତାରେ ଯାଚେ
ବାହୁର ବନ୍ଧନ ?

ଏକ ତରୁ
ତଟ ମୃତ୍ତିକାରୁ କିଛି ସ୍ୱାଦ, କିଛି ସ୍ୱାଦ ଆକାଶରୁ
ନେଇ ସେ ରଚନା କରେ ଅବିସ୍ମରଣୀୟ
ନିଜସ୍ୱର ଇତିବୃତ୍ତ, କିନ୍ତୁ ଅନାତ୍ମୀୟ
କରି ରଖେ ତାରେ
ସେ ମୃତ୍ତିକା ସେ ଆକାଶ
ଅଗ୍ନିର ଉଦ୍‌ଗାରେ ଆଉ ବିଦ୍ୟୁତ୍ ପ୍ରହାରେ ।

ପ୍ରତ୍ୟାଖ୍ୟାତା ନନ୍ଦିକାର ଅଶ୍ରୁସ୍ନାତ ଆଖି ନୀଳ ମୋତି ସମ
ନୀଳସ୍ନାତ ନୀଳ ସେଇ ତାରା
ମେସୋପଟାମିଆ ଗ୍ରୀସ୍ ସୁମେର ବା ରୋମ କୁସିନାରା
ସମ୍ରାଜ୍ଞୀ ସବୁର ମୃତ ପ୍ରେମ ପରି ସ୍ଥିର
ତଥାପି ସେ ସବୁ ସମ୍ରାଜ୍ଞୀର ପରି ପୃଥିବୀର
କଫିନ୍‌ର ନୁହେଁ, ଅଥଚ ନିଃସୀମ
ଅଦୃଶ୍ୟ ହାତର ସ୍ପର୍ଶେ ସେ ତାରାଟି ନିଭି ନିଭି
ପାଲଟଇ ହିମ ।

ଏ ଜୀବନ ହେଉ ଏକ ତାରା ଏକ ତରୁ ଏକ ତୀର,
ନିରୁଚ୍ଚାରିତ ବେଦନା- ଅଜସ୍ର ତିମିର
ବହୁ ଊର୍ଦ୍ଧ୍ୱେ ଥାଉ କିନ୍ତୁ ପ୍ରେମ !
ଥାଉ ସକଳ ସ୍ଖଳନ
ଉପରେ ନିରବଚ୍ଛିନ୍ନ ଏକ ଆଲିଙ୍ଗନ
ଏକ ନିବିଡ଼ ଚୁମ୍ବନ।

■

ସ୍ମିତିରୂପା

ହେଇ ଫେର୍ କାକଜ୍ୟୋସ୍ନା ଗାଢ଼ ଅନ୍ଧକାର ପୁଣି ଅଗଣାର ତଳ
ସେପାଖର କ୍ଷେତେ କ୍ଷେତେ ଗାଢ଼ନିଦ ସ୍ୱପ୍ନ ଦେଖେ ନୂତନ ଫସଲ
ଅନୁଢ଼ାର ଏକ ସ୍ୱପ୍ନ ଅଶ୍ରୁ ପୋଡ଼ି ମୋତି ହୁଏ ଶିଶିରର ଜଳ ।

ଶୃଙ୍ଗାରର ସମାରୋହେ ସ୍କନ୍ଧଦେଶୁ ଦୋପଟ୍ଟାରେ ଯେହ୍ନେ ଫିଙ୍ଗିଦିଅ
ତେହ୍ନେ ବିଞ୍ଚି ପଡ଼େ ହିମ କୁହୁଡ଼ିର ଶୁଭ୍ର ଉତ୍ତରୀୟ,
କେଉଁ ଗୃଧିନୀର ଚକ୍ଷେ ନିଦ ନାହିଁ ତଥାପି ଏ ରାତ୍ରି ତା'ର ପ୍ରିୟ ।

ତୁମ ଚକ୍ଷେ ନିଦ ନାହିଁ ? ନିଦ ନାହିଁ ଆସେ ତ ଏଥି ବି
ସେ ଶଯ୍ୟାର ଅନ୍ଧକାରେ । ଫସଲେ ଜ୍ୟୋସ୍ନାରେ ତୁମେ ସେ ପୃଥିବୀ-
ତଥାପି କାହିଁଛ ତୁମେ ? କର୍ମମୟୀ ଦୃଢ଼ବନ୍ଧ ନୀବୀ

କଦଳୀ ଦଳିତ ଉରୁ ସ୍ୱେଦଧାରା ସିକ୍ତ ବାହୁମୂଳ
ଯହିଁ ବି ନା ଥାଅ ତୁମେ- ଆଦିଗନ୍ତ ମେଖଳାଏ ମେଦିନୀ ଆକୁଳ
ଆଲୋକେ ଓ ଅନ୍ଧକାରେ, ଅପୃଥକ୍ ଓ ପୃଥୁଳ

ବତାଏ ମୁଁ ଉର୍ଦ୍ଧ୍ୱବାହୁ ତୁମପାଇଁ, ପ୍ରେମ ମୋ ଅପାର
ସମସ୍ତ ସଂଶୟ ମେଘ ଧାରେ ଧାରେ ଚେତନାର ଏକ ରୌପ୍ୟଧାର
ଏ ମୋର ଆକାଶେ ଆଜି-, ବିଗତ ଆଷାଢ଼ ।

ତୁମେ ତହିଁ ପୀନ ବକ୍ଷ ଦୃଢ଼ ଉରୁ ଲାବଣ୍ୟ ଜୁଆର
ନୀଳା ମରକତ ବାହୁ ବଳୟର ଆଲୋଡ଼ନେ ଧୌତ କର ବେଳା ତଟଧାର
ଯହିଁ ମୋର ଏ ହୃଦୟ ଏକ ନଗ୍ନ ପ୍ରେମର ଅଙ୍ଗାର ।

ଶ୍ୱେତ ପଦ୍ମ

କଲ୍ମଷର ଦୁର୍ଗନ୍ଧରେ ତୁମେ ସ୍ନାତ
ତଥାପି ତ ତୁମେ ସ୍ନିଗ୍ଧା
ତରଙ୍ଗ ପ୍ରବାହ ତଳର ପଙ୍କ ପଲ୍ୟଙ୍କରୁ ଉତ୍‌ଥିତା
ଏକ ଶ୍ୱେଦ ପଦ୍ମ !

ଏ ଶ୍ୱେଦ ପଦ୍ମ ଶଶିବର୍ଣ୍ଣ ଈଶ୍ୱରଙ୍କ ସ୍ମରଣ ଆଣେ
ଆଉ ସ୍ମରଣ ଆଣେ
କେଉଁ ଏକ ବାରାଙ୍ଗନାର ମଳ୍ଲିତ ଜୁଡ଼ାର
ମୂର୍ଚ୍ଛିତ ଶ୍ୱେତ ପାଖୁଡ଼ାର-
ଶୁଚିସ୍ମିତାର ।

ସେ ତିମିର ପଙ୍କକୁ ମୁଁ ସ୍ୱୀକାର କରେଁ
ସେ ପଦ୍ମର ଶୁଭ୍ରତାକୁ ମୁଁ ସ୍ୱୀକାର କରେଁ
ଆଉ ଦିଏ
ତୁମ ଲଲାଟରେ ଏକ ଚୁମ୍ବନ !

ସମସ୍ତ କଲ୍ମଷ ଉପରୁ ଆଲିଙ୍ଗନ କରି
ଈଶ୍ୱରଙ୍କୁ କି ଏପରି ଚୁମ୍ବନ ଦିଆଯାଇ ପାରେ ?

■

ଭଡ଼ାଘର

ପରିତ୍ୟକ୍ତ ଗୃହ ସ୍ଥଳି- ଏ ଏକ ଶ୍ମଶାନ
ଏକଦା କଳମୁଖର ଏ ଦ୍ୱାର ଦର୍ଜା
(କାହିଁ ସବୁ ନୀଳ ପର୍ଦ୍ଦା
ସାବନୀ ହାତର ଆମେଜ୍ ?)
ସବୁ ଶୂନ୍‌ଶାନ୍ ।

କୁନି କୁନି ପାଦର ମାପର
ଦୁଇପଟ କ୍ୟାନ୍‌ଭାସ ଜୋତା
ଅଧଗଜ ମେରୁନ୍ ରଙ୍ଗର
ତୈଳମ୍ଳାନ କବରୀର ଫିତା
ମେଂଚାଏ ଅଲରା ବାଳ ସ୍ପ୍ରିଂ ପରି କୁଂଚିକୁଂଚି
ପଟେ ଅଧେ ନାଲି କାଚ ମିଶି
ଗଦାଏ ଜଂଜାଳ । କାନ୍ଥ ଆଲମାରି ଦିହେ
ଖାଲି ବି-କମ୍ପ୍ଲେକ୍ସ
ଭିଟାମିନ୍ ଶିଶି ।

ସିନେମାର ସିହାଣୀ ଯୁବତୀ
ଛବି ଖଣ୍ଡ କେତେ
ଉଚ୍ଛ୍ୱସିତ ଲାବଣ୍ୟର ଭୟଶୂନ୍ୟ ମୁଖର
ଜୀବନ
ଏକ ଅଧ୍ୟାୟର
ଟୁକୁରା ଟୁକୁରା ଅଂଶ ଇତସ୍ତତଃ ଏଥେ ।

ଏଥେ ବସି ଏ ଭାଗ୍ୟର ଯୋଡ଼େଁ ଭଗ୍ନ
ସେତୁ ।
ରାଶିଚକ୍ର ରବି ବୃହସ୍ପତି ଚନ୍ଦ୍ର କେତୁ

ମଧ୍ୟେ ବହେ ଜୀବନର ମୋର ଇରାବତୀ
ପଙ୍କ-ସ୍ରୋତ ।
ଅହେତୁକୀ ମୁଗ୍‌ଧ ଆତ୍ମରତି
ମଧ୍ୟେ ମଗ୍ନ ଉଡ଼େ ଉଛେ ମୋ ସ୍ୱପ୍ନର
ସୁନେଲି ଇଗଲ
ରୌଦ୍ରେ ରୌଦ୍ରେ ଚତୁର ଚଂଚଳ !
ତଥାପି ଏ ବାରନ୍ଦାର ଭଙ୍ଗା ପଲସ୍ତରା ତଳେ
ଫେରେ ମନ,
ଫେରିଯାଏ ସେ ଜଞ୍ଜାଳ ସ୍ତୂପେ
ଏକ ସୁନ୍ଦରୀ ସଂସାର ରଖେ ଯହିଁ
ବୃଦ୍ଧାଙ୍ଗୁଷ୍ଠ ଟିପର ଅଙ୍କନ
ନାନା ଚିହ୍ନେ ରୂପେ ।

■

ଭାରତୀୟ ବିମାନ ବାହିନୀ

ଏତେ ପରିମିତ ମାତ୍ର ମୃତ୍ତିକାର ପାଇଁ
ହେ ଅଖଣ୍ଡ ଆକାଶ ପ୍ରହରୀ
ଏ ଜୀବନ ତୁମପାଇଁ ଉଷାର ଲାବଣ୍ୟ
ମୃତ୍ୟୁ ଏକ ବିଶ୍ରାମ ଶର୍ବରୀ !

ହଜିଯାଏ ନୀଡ଼ସ୍ୱପ୍ନ ଲୋକାଳୟ
କେଦାରେ କେଦାରେ ପ୍ରାଣବାନ୍ ଗାନ
ଆଉ ଗ୍ରାମୀଣ ମନୁଷ
ଚାଲ୍‌ବାଜି ଛକାପଞ୍ଝା ଫାଙ୍କା ଫାଙ୍କା
କଥାର ଫାନୁସ

ସବୁ ହଜିଯାଏ ।
କି ବିରାଟ ରିକ୍ତତାରେ ମାଡ଼ିଆସେ ଅଖଣ୍ଡ ନୀଳିମ
ଭାନୁମତୀ ଭୋଜବାଜି ପ୍ରାୟ ।
ସେ ନୀଳିମ ମାଖିନିଅ ମୁଖେ ଓ ଆଖିରେ
ଆଞ୍ଜୁଳା ଆଞ୍ଜୁଳା
ପରମ ବିଶ୍ୱାସେ
ତଥାପି ନିମ୍ନରୁ ଏଇ ମାଟିର ଗୈରିକ ଡାକ
ଆସେ- କାନେ ଆସେ ।

ବର୍ଣ୍ଣହୀନ ଋତୁହୀନ ସ୍ୱାଦହୀନ ଦୂରର ସୀମାନା
ପୋଡ଼ି ପୋଡ଼ି ହୋଇଯାଏ କ୍ଷୟ
ଶକୁନ ସଂହତି ନେଇ ନିମ୍ନ ଦୃଷ୍ଟି
ଉଡ୍ଡୀନ ଔଦ୍ଧତ୍ୟେ
ତଥାପି ତଥାପି
ଗାଅ ଏ ମୃତ୍ତିକା ଜୟ ଜୟ
ଜୟ ଅସ୍ତ !
ଜୟ ହେ ଉଦୟ !!

■

ହେ ମୋର ପ୍ରେମିକ ମୃତ୍ୟୁ

ମାଟିର କଳସ ଢାଳି
ତୁମେ କ୍ରମଶଃ ପାନ କରି
ମୋର ଜୀବନର ମଦ୍ୟଧାରା ।
ଅଶ୍ଲୀଳ ଗନ୍ଧରେ ବର୍ଣ୍ଣାଢ୍ୟ
ତଥାପି
ତୁମରି ମନରେ ଘନରସ ସୃଷ୍ଟିକରେ, ହେ ମାତାଲ
ହେ ମୋର ପ୍ରେମିକ ମୃତ୍ୟୁ, ସେ ମଦିରାର ସ୍ନେହସ୍ପର୍ଶ ?
ଅନ୍ଧକାର ଗଳିର ନିର୍ଜନ କର୍ଦ୍ଦମରେ
ପଦସ୍ଖଳିତ ଖଞ୍ଜ ତୁମେ

ତଥାପି କି
ମୋର ଜୀବନର ସୁରା କଳସ ଆଲିଙ୍ଗନ କର
ଆଉ ଗାନ କର ଉଲ୍ଲଙ୍ଗ ନାରୀର ବନ୍ଦନା !
ସକଳ ଜଞ୍ଜାଳ ଭୁଲି
ଅର୍ଥର ସାର୍ଥକ ସ୍ୱପ୍ନ ଦେଖ ତୁମେ ?

ଅଥବା
ନେଳି ଲାଲ୍ ସାବ୍‌ଜା ଆଲୋକ ବୃତ୍ତରେ
ଜହରତ୍ ଝଲମଲ୍ ସିଂହାସନ ଉପରେ ଉପବେଶନ କରି
ସ୍ୱର୍ଣ୍ଣପାତ୍ରରେ ପ୍ରବାଳ ଭସ୍ମ ଉପରେ
ଢାଳିଦିଅ ସେ ମଦ୍ୟଧାରା ।
ଆଉ ତାହାର ବିନ୍ଦୁ ବିନ୍ଦୁ ପରିଧି କେନ୍ଦ୍ରରୁ
ତୁମେ ଚୁମ୍ବନ କରି ଆଣ
ଦିଗ୍‌ବିଜୟର ଉଲ୍ଲାସ
ମାରଣ ମନ୍ତ୍ର
ଧର୍ଷଣର ଆନନ୍ଦ !
କୁହ ତୁମେ ହେ ମୋର ପ୍ରେମିକ ମୃତ୍ୟୁ !
ହେ ସମ୍ରାଟ୍ !!

ନାମି ହିରଣ୍ୟ ତାରା

ସ୍କନ୍ଧେ ମୋହର ଦେଇ ତୁମେ ବାହୁ ଭାର
ପାର ହେବା ପାଇଁ ସେ ଯେଉଁ ଆର୍ତ୍ତ
ଦୁସ୍ତର କାନ୍ତାର
ଚାରିଆଡ଼େ ଖାଲି ଅହଲ୍ୟାଭୂମି ନିରାଟ ପଥର
ଦନ୍ତଧବଳ ପ୍ରେତାତ୍ମା ପାହାଡ଼
ସପତଫେଣୀର କଣ୍ଟକ କିଛି
କିଛି ବା ସାପର ହାଡ଼
ତାହାର ସେପାରେ ଅନେକ ଖଣିରେ
ଖୋଦାଇ ଚାଲିଛି ସୁନା
ଶଙ୍ଖ ପଥରେ କୁଆଡ଼େ ସେଠାରେ
ହର୍ମ୍ୟ ଗଢ଼ିଛ
ଏଇ କଥା ଯାଏ ଶୁଣା ।
କୁଆଡ଼େ ତାହାର ଚାରିଆଡ଼େ ଘେରା
ହିଂସ୍ରବନର ବ୍ୟୁହେ
ନେଇ ସୌଖୀନ ସ୍ୱପ୍ନର ସୂତା ଖିଏ
ବାହାର ଜଗତ ଛାୟାଟିକି ଦେଖି
ଦରପଣେ ପୁନ ପୁନ
ନାନା ରଙ୍ଗର ଅବଗୁଣ୍ଠନ ବୁଣ ।

ଅଥଚ ସେ ପଥେ ଏକା ମୁଁ ଲକ୍ଷ୍ୟଚ୍ୟୁତ
ଦେଖେଁ ସ୍ୱପ୍ନର ଭୂତ !
ଥାଅ ଥାଅ ତୁମେ ଦୀପ୍ତି ଗରବେ
ନାମି ହିରଣ୍ୟ ତାରା
ହେଉ- ଏଇ ମରୁକାନ୍ତାର ପଥେ ଶୁଖିଯାଏଁ ମୁହଁ
ଗ୍ରୀଷ୍ମ ଝରଣା ଧାରା ।

ସୁରଜନ୍ମା

ତମସୋ ମା ଜ୍ୟୋତିର୍ଗମୟ । ଅସତୋ ମା ସଦ୍‌ଗମୟ ।।
ଦୀପ କଜ୍ଜଳରେ ସ୍ତିମିତ ଶିଖା ସମ
ତମସା ତଟରେ
ତୁମ ଦେଉଳର ଜ୍ୟୋତିକଳସ
ମୁଁ ଦେଖିବାକୁ ପାଏଁ ।
ମୋର ଆତ୍ମାର ହିମବର୍ଣ୍ଣ ସାଗର ସ୍ରୋତ
ଉତ୍ତର ମେରୁ ବୃତ୍ତ
ମକର ବଳୟ
ପରିକ୍ରମା ଶେଷ କରି
ବିଷୁବ ପରିଧିରେ କି କରେ ସୂର୍ଯ୍ୟ ପ୍ରଣାମ !

ଦ୍ୟୁତି ଛାୟାର
ସେ ସ୍ରୋତର ତରଳ କମ୍ପନରେ ବାଜେ ସାଗର ବୀଣା
ତଳ ତୃଣର ହୃଦୟ ପର୍ଣ୍ଣ
ଚେତନାର ସବୁଜ ସ୍ନେହରେ ଶିହରି ଉଠେ,
ମୋର ସ୍ଥିତିର ଆଧାରଶିଳାର ସ୍ନାୟୁରେ
ଲହଡ଼ି ଭାଙ୍ଗେ
ପାରଦ ବନ୍ୟାର ପ୍ରବାହ ।

ସକଳ ଶୈତ୍ୟ ସକଳ ଜଡ଼ତା
ଅପହରଣ କରି
ବଂଶବୃକ୍ଷର ଦେବ ବୀଜ
ରୋପଣ କଲ ତୁମେ
ତୁମେ ଦେଲ ଚିର ନୀଳ ଆକାଶର ବିସ୍ତାର
ତିଳୋତ୍ତମା ପୃଥିବୀର ସ୍ତନରେଖା ।

ତୁମକୁ ବେଦନା ଦେଲି !
ଶାଳୀନତା ଦେଲି !!

ଶୃଙ୍ଗ ଆରୋହଣ

ଉପତ୍ୟକା-
ଘନିଷ୍ଠ ଅରଣ୍ୟ। ନଦୀ-
ନୀଳେନ୍ଦ୍ରୀ କି,- ଏଥେ ନୃତ୍ୟଶୀଳା,
ଦୂରର ପାହାଡ଼ ପଥେ ଫିଙ୍ଗିଦେଇ କୁହୁଡ଼ି-ଓଢ଼ଣା
ଅସଂଖ୍ୟ ଧାତୁକୀ ଫୁଲ ବିଞ୍ଚି ବିଞ୍ଚି
ଅବାକ୍ କୌତୁକେ !

ଆଉ କାହିଁ ଦୂରେ ହ୍ରଦ
ଅନାବୃତ ଆକାଶର ଚେତନା ବିମ୍ବିତ
ମେଘ ଆଉ ଯାଯାବର ରାଜହଂସ
ଠିକଣା ଯା ଜାଣେ !!
ତରୁ ଗୁଳ୍ମ ପଛେ ଛାଡ଼ି ଦୃଢ଼ ପଦକ୍ଷେପେ
ଆଉ ଉଚ୍ଚେ ଗଲେ
ନିର୍ମଳ ହେମାଳ ହାଓ୍ବା
ସକଳ ନିର୍ମୋକ
ସହସା ଉଡ଼ାଏ
ଅଙ୍ଗୁଷ୍ଠ ନିର୍ଦ୍ଦେଶ କର ଦେଖାଏ ଚକିତେ
କେତେ ଦୂରେ ନିମ୍ନେ ସମତଳ
ଅଗ୍ରେ ଦୂରାରୋହ ଶୃଙ୍ଗ- ହିମ, ହିମଶିଳା,
ଶୁଭ୍ରତା ରୁଚିରେ
ଜପ କରେ ଅଖଣ୍ଡ ନୀଳିମା,
ନ ତତ୍ର ଚକ୍ଷୁ ଗଚ୍ଛତି ନ ବାକ୍
ସେଇଠାରେ
ଅଣିମା କେବଳ ମହିମାରେ ହିଁ ବିଲୀନ।
ସେ ତୁହିନ ଐଶ୍ୱର୍ଯ୍ୟରେ ନଭୋନୀଳ କେହି
ହୃଦୟେ ହୃଦୟେ ସ୍ପର୍ଶ କରିପାରେ ଯେବେ

ଘନଘଟା ଜଟା ଜାଲ ଛିନ୍ନ କରି
        ଜୀବନ ଜାହ୍ନବୀ
ସାଗର ସଙ୍ଗମେ ଛୁଟେ, ତଟର ବନ୍ଧନ
        ଶିଥିଳେ ସହସା;
ମୃତ୍ୟୁ ପାଲଟେ ଅମୃତ
        ହୁଅଇ କି ଲୋଡ଼ା
ତା'ର ପାଇଁ ଆଉ କେଉଁ ଜୀବନର ମାନେ

ତମ ମନ

-୧-

ତୁମ ମନ-
ପୂର୍ବ ଝରକାର ଏକ ଊର୍ଣ୍ଣନାଭ ଜାଲ,
ସେ ପାଖେ ତାରା ଦୀପିତ ଆକାଶେ
ଆକାଶେ ଇନ୍ଦ୍ରଜାଲ।
ଏଥେ ନିଅନ୍ ବିଦ୍ୟୁତ୍ ଆଲୋକ
ଲୋଭେ
ଶେଷ କାର୍ତ୍ତିକର ପୋକ
ଯେତେ ଆସେ,
ଅଦୃଶ୍ୟ ହାତର କାରସାଦି
ସେ ସବୁରେ ମାରେ ବାନ୍ଧି ବାନ୍ଧି।
ପଛରେ ପ୍ରାନ୍ତର ଗାନ
ଝିରି ଝିରି ନୀଳ ହାଓ୍ୱା ଭୁଲି
ଭୁଲି ଭୟ
ପୋକ ହୋଇ ଉଡ଼ିଆସେ
ଏଇ ମୋର ସମସ୍ତ ହୃଦୟ।

-୨-

ଆଶ୍ଚର୍ଯ୍ୟ ଏ କାର୍ତ୍ତିକ ସକାଳ
ସମୟର ତୁମ ମନ
ଫେର୍ ସେଇ ଊର୍ଣ୍ଣନାଭ ଜାଲ।
ଏବେ ସେ ଆକାଶ
ବୈଷ୍ଣବ ପଦାବଳୀର
କାମନାର ରଙ୍ଗର ବିନ୍ୟାସ।
ପୋଛି ବିଗତ ରାତ୍ରର
ଅସୁମାରି ପାପ

ଦେଖେଁ
ଆହା ରୁଚିର ସଂଳାପ
ରଚିଛି ତୁମରି ମନ
ସେ ବିଚିତ୍ର ଊର୍ଣ୍ଣନାଭ ଜାଲ
ଶିଶିରେ ଶିଶିରେ ଗୁନ୍ଥା
ନିରୁପମ ଏକ ମଣିମାଳ ।

ଅହଲ୍ୟା ମନ

ଏ ରାତ୍ରିର ଶେଷ ହେଉ ପୂର୍ବ ସାଗରର ସେଇ ଦ୍ୱୀପେ
ପାହାନ୍ତିଆ ତାରାର ସମୀପେ ।
ପ୍ରାନ୍ତରର କନ୍ୟା ତହିଁ ତ୍ରସ୍ତ କବରୀର
ଶାଢ଼ୀର ରାତ୍ରିର ଶିଶିର
ପୋଛି ଦେଇ ଆଖି ଖୋଲେ-
(ଅଗଣିତ ଫୁଲ) ।
ବିହ୍ୱଳିତ କରି ଉପକୂଳ ।

ଏଥେ ରାତ୍ରି-
ପ୍ରେମହୀନ ବାସର ଶଯ୍ୟାର
ଯେହ୍ନେ କୁଣ୍ଠାହୀନ ଅବଗୁଣ୍ଠନର ଭାର
ସ୍ୱୈରିଣୀର ।
ସେ ଦ୍ୱୀପର ରୁମ୍ ଝୁମ୍ ସଂଜର ନୂପୁର
ସାଥେ ଶୁଭେ ପଦ୍ମମାଳା ସମ ସବୁ ବାଳିକାର କଣ୍ଠର ଝୁମୁର ।
ତାଳ ଖଜୁରର ତଳେ ଆଳସୀ ପୃଥିବୀ
ବିଲମ୍ବିତ ନୀବୀ ।
ବାୟୁରେ ବାୟୁରେ ଭାସେ କେଉଁ ଗ୍ରାମ ଗୁଆଁରର ପଦ,
ଲାଉ ଥାଳ ଭାଙ୍ଗି ଝରେ ମଦ ।
ଏଥେ କାହିଁ ତୃଷ୍ଣାଜଳ ଖାଲି ଜୀବନର ଏକ
ଧୂ ଧୂ ବାଲୁଚର

ବନ୍ଧ୍ୟା ପ୍ରସ୍ତରର ଭିଡ଼
କୀଟଗର୍ଭ କଙ୍କାଳ ଉଦ୍ଭିଦ
ସ୍ୱୈରିଣୀ ଭୂମିର ଗାଢ଼ ନିଦ
ଏ ପଥ ଯାତ୍ରୀ ଯେମାନେ
କଉଡ଼ିର ସମ ଆଖି ତୋଳି

ସରୀସୃପ | ୭୭

ନିରୁଦ୍ଦେଶ୍ୟ ପୀରାମିଡ୍‌ରେ
ଦେଖଇ ମୃତ୍ୟୁର ହାତ ନିର୍ଦ୍ଦେଶେ ଅଙ୍ଗୁଳି !
ଯାଯାବର ଶକୁନର ଇଚ୍ଛାନେଇ
କେଉଁ ଅନ୍ତରୀପେ
ଆଉ ଦୂରେ ସେଇ ଦୂର ଦ୍ୱୀପେ
ଉଡ଼ିଯିବା ଲାଗି କାହିଁ ପଙ୍ଗୁମନ କହି ?
ଅନ୍ୟ ଏକ ରକମର ଜୀବନ ପାଇବା ଲାଗି
ସ୍ୱପ୍ନ ସ୍ୱପ୍ନ ବିସ୍ମୟ ବିସ୍ମୟ !

ବରଂଚ ଅହଲ୍ୟାମନ ହେଉ ଦୂରେ
ସେ ନିର୍ଜନ ଦ୍ୱୀପ
ପ୍ରହର ପ୍ରହର ଯହିଁ ନିର୍ମିମେଷ ବେଦନାର ଦ୍ୱୀପ
ନୈର୍ବ୍ୟକ୍ତିକ ଶିଖା ମଧ୍ୟେ
ଆପେ ସୃଜି ଆତ୍ମଦାହୀ ଚିତା
ପାଲଟଇ ପ୍ରଜ୍ଞା ପାରମିତା !

■

ସାନ୍ନିଧ୍ୟ

ନୈଃସଙ୍ଗ୍ୟର ପାହାଡ଼ ପାହାଡ଼
ଶୂନ୍ୟ ଫାଶୁ ଆକାଶ ଓ ଛକ କଟା
ମେଘର କିନାର
ଛାଡ଼ି ଆସ ନିର୍ଝରର ସ୍ୱପ୍ନ ଭାଙ୍ଗି
ଉମଳ ବିପ୍ଲବେ

ଅଭିଶପ୍ତ ଉପତ୍ୟକା ଶରବଣ
ପାଟ ଦେଇ ଗତିର ଗୌରବେ
ଉଛ ଖଡ଼ି ତଟ ତଳେ ତରଙ୍ଗ ତନ୍ମୟ ଏଇ
ଜୀବନର ଶଙ୍କିତ ସୈକତେ
ଘୃଣାର ଏ ମୁହାଣ ବଳୟେ
କ୍ଷମାର ଏ ମହା ମରକତେ ।

ଉଡ୍ଡୀନ ଡେଣାର ଗର୍ବ ଏଥେ ନାହିଁ
ନିଃସ୍ୱ ବୃତ୍ତେ ଚିଲ ଓ ଗୁଧ୍ରର
ଏଥେ ନାହିଁ ପ୍ରସ୍ତରର ପ୍ରଶ୍ନ ଚିହ୍ନ
ଦୁଃଶାସନ ଝଡ଼
ପଙ୍କ କ୍ଲେଦ ଏଇ ତଟ ସବୁଜେ ସବୁଜେ ମୂର୍ତ୍ତ
କଚ୍ଛପ ଓ ମୀନେ
ଶଙ୍ଖ ଶିପ ଜଳଜ ଉଭିଦେ
କଙ୍କଡ଼ା ଓ ଭେକେ
ସାମୁଦ୍ରିକ ପକ୍ଷୀର ମିଥୁନେ ।
ସାନ୍ନିଧ୍ୟର ମହିମାରେ ମୁଖର ଜୀବନ ଏଥେ
ଲବଣେ ମଧୁରେ ମିଶ୍ର ସ୍ୱାଦ
ଆକାଶରେ ତେଣୁ ଏଥେ ଡାକେ ବାର ବାର
ତଟ ଓ ସମୁଦ୍ର ଶଙ୍ଖନାଦ ।

■

ଏକ ନୂତନ ଶରତ୍‌ର ପରିଚୟ ଲିପି

ସେଦିନ ବି ଶରତ୍ ଆସିଥିଲା
ରୂପସୀ ଦେହର ଗନ୍ଧ ସମ
ନୂତନ ଧାନ୍ୟ ଶିଶାର ନରମ ଘ୍ରାଣ ନେଇ
ସାରସ ସାରସୀର ଶଙ୍ଖଶ୍ୱେତ ଡେଣାରେ
ଏଇ ପ୍ରସନ୍ନ ପ୍ରାନ୍ତରେ ।

ପ୍ରଥମ ପ୍ରଣୟର ପ୍ରତ୍ୟୟ ନେଇ
ଯେ ବେଣୀ ଗାଢ଼ ନୀଳ
ତା'ରି ସମ ଶଙ୍ଖ କୋଇଲିର
ସ୍ନିଗ୍ଧ ନୀର ବେଣୀରେ ମୁଁ ଦେଖିଥିଲି
କାଶଫୁଲର ଶୁଭ୍ର ଗଜରା ।
ସବୁଜ ସ୍ୟାହି ସମ ଦୂର ଅରଣ୍ୟ ଛାୟାରେ
ଛୋଟ ଏକ ଗ୍ରାମ
ଶସ୍ୟ ସମ୍ଭାବନାର ସ୍ୱପ୍ନ ନେଇ ଆଶ୍ୱସ୍ତ !
ସଲଜ ସନ୍ଧ୍ୟାର ଗନ୍ଧକ ଆଲୋକରେ
ଜହ୍ନିଫୁଲ ସବୁ
ପ୍ରଗଲ୍‌ଭା ବାଳିକା ସମ
ପରସ୍ପରର ପ୍ରଣୟ ଗଳ୍ପରେ ମୁଖର ।

ସେ ପ୍ରାନ୍ତରେ ଆଜି
ଇଷ୍ଟକ ଓ କଂକ୍ରିଟର ମେଘନାଦ ପାଚେରୀ
ଆକାଶଛୁଆଁ;
ଏ ଇସ୍ପାତ୍ ନଗରୀକୁ ମୁଁ ଦେଖେଁ
ଅପରୂପା ଏକ ବିଦେଶିନୀ ନାଗରୀ ।

ସେଦିନର ନରମ ଶିଶିର ବିନ୍ଦୁ
ଓ
ନନ୍ଦିନୀ ସମ ପ୍ରିୟଦର୍ଶନୀ ପ୍ରଭାତୀ ତାରା କାହିଁ ?
ଅସଂଖ୍ୟ ଚିମ୍‌ନୀର ରକ୍ତଶିଖାରେ
ଆକାଶ ପାପବିଦ୍ଧ
ଟାଙ୍ଗଣା ଧୂଆଁ- ନାନା ରଙ୍ଗର ଅନୁଲେପରେ
ଜୀବନ ମ୍ଳାନ
ଜଞ୍ଜାଳ ବିଷର୍ଣ୍ଣ ।

ତଥାପି
ଲୌହ ପଞ୍ଜର ଓ କଙ୍କର କଙ୍କାଳ ପଥରେ
ମୁଁ ଖୋଜେଁ
ଶ୍ୱେତ କଇଁର ହାସ୍ୟରେ ପ୍ରସନ୍ନ ଓ ପରିଚ୍ଛନ୍ନ
ଏକ ଅଫୁରନ୍ତ ପ୍ରାଣ ।
ଏ ସନ୍ଧାନ ମତେ ଦେବ
ଏକ ନୂତନ ଶରତ୍‌ର ପରିଚୟ ଲିପି ।

■

ଏକ ବଧୂର ଆତ୍ମହତ୍ୟା ନେଇ

ଜୋସ୍ନା ଥିଲା
ବତାସରେ କ'ଣ କିଛି ବି ବାସ୍ନା ଥିଲା
ନଦୀର ତରଙ୍ଗ ଥିଲା ଲଘୁ ଅବା ଲୀନ
ତଥାପି ସେ ଜଳେ ଆତ୍ମ ଆହୁତି ଅର୍ପଣ କଲା।
ତୃତୀୟାର କ୍ଷୀଣ

ଚନ୍ଦ୍ରର ଅସ୍ତ ସମୟେ।
ଚିତ୍ତ ତା'ର ମତ୍ସ୍ୟ ହୋଇ
ସନ୍ତରଣ କରି ଗଲା
ଚକ୍ଷୁ ମୋତି ପାଲଟିଲା ନୀଳ
ରବରର ବଲ୍ ପରି ସର୍ବ ଅଙ୍ଗ ଉଶ୍ୱାସ ଶିଥିଳ !
ସମସ୍ତ ଦହନ ଜ୍ୱାଳା ନିର୍ବାପିତ ହୋଇଗଲା
ହୁଏତ ସେ ନଦୀ ଗର୍ଭେ।
ବଂଚିବାର ସମସ୍ତ ପ୍ରଭେଦ
ଶେଷେ ହୁଏତ ବା ଇଏ ଏକ ପୂର୍ଣ୍ଣଚ୍ଛେଦ !

କିନ୍ତୁ ସେ ଲାବଣ୍ୟ ସ୍ଫୀତ ବକ୍ଷ ବାହୁମୂଳ
କନକ କଦଳୀ ଜାନୁ ଜଘନ ପୃଥୁଳ
ଇଚ୍ଛା ପ୍ରେମ ମନ ଆଉ ବଂଚିବାର ସ୍ୱାଦ,
ଧୂଳି ତାରା ଆଉ ସେ ନିର୍ଜନତା ଅଗାଧ
ରଜତାଭ ନୀଳିମ ଶୁଭ୍ର ଅନ୍ଧକାରେ
ବିବସ୍ତ୍ର ହୋଇ ବି ଯାହା
ପରିଧାନ କରାଯାଇ ପାରେ
ଭୁଲି ତାରେ, ଭୁଲି ସବୁ ମାୟା
କେଉଁ ବହ୍ନି ହୃଦୟର ନଦୀ ଜଳେ
ନିର୍ବାପିତ କରିଗଲା ଆହା !

ନୂତନ ଗ୍ରନ୍ଥିର ରସେ
ଛିନ୍ନ ଶାଖା ବଂଚିବାରେ କରଇ ପ୍ରୟାସ
ଅୟୁତ ଘର୍ଷଣେ ଶିଖା ତୋଳି ପୁଣି
ଜୀଇଁ ଉଠେ ଘାସ
ଦ୍ୱିଖଣ୍ଡିତ ଜିଆନାଡ଼ ମାଗେ ନୂଆ ପ୍ରାଣ
ବିଶ୍ୱଭରା ଜୀବନର ଅଭ୍ୟୁଦୟ
ନବ ଅଭିଯାନ !
କେବଳ ଏ ପୃଥିବୀର ମନୁଷ୍ୟର
ମନଭରା ଦୁଃଖ ଅବସାଦ
ବ୍ୟଥା ବ୍ୟର୍ଥତା ବ୍ୟାଘାତ
ଅଜସ୍ର ଅବାଧ
ଜୀବନର ମାନେ ଯାହା
ବୋଧହୁଏ ପରିସ୍ଫୁଟ ନୁହେଁ
ପାଶେ ତା'ର
ଯେ ଜୀବନ ତରୁତୃଣେ ଜୋକ ଭେକେ
କରେ ଜୟକାର
ସେ ଜୀବନ ପାଇନି ମଣିଷ ?
ଯାହା ଦୁଇ ହାତେ ତା'ର
ଖାଲି ବିଷ ? ବିଷ !

ଜଳଚର କୀଟଦଳ କରିନି କି
ଏ ମୃତ୍ୟୁର ଘୋର ପ୍ରତିବାଦ,
ତରଙ୍ଗେ ତରଙ୍ଗେ ଛନ୍ଦି ନୂପୁର ଓ ପାଦ
ମିନତି ଜଣାଇନି କି ଶିଉଳିର ଲତା
ଶାମୁକାର ଶଙ୍ଖନାଦେ କହିନି କି ବଂଚିବାର କଥା ?
ତେଣୁ ମୃତ୍ୟୁଭୟ
ମଣିଷର ଜୀବନରେ କରିନେଲା ଜୟ ?

ସେମାନେ ସୂର୍ଯ୍ୟ ସାରଥି

ସେମାନଙ୍କ ଅଗ୍ରଗତି ଗର୍ବିତ ପଙ୍‌କ୍ତିରେ
କୁଚ୍‌କା ଓ୍ୟାଜେ ସଂଗୀନ ମୁନରେ
 ମୌସୁମୀର ବିଦ୍ୟୁତର ତରବାରୀ
 ତୁହିନ ଶିଳାରେ ସମୁନ୍ନତ
ସେମାନଙ୍କ ଅଗ୍ରଗତି ନୀରବ ସଂହତ !
ପଦ ତଳେ ଶୃଙ୍ଗର ଆବେଗ
ବକ୍ଷେ ବାଜି ବକ୍ର ହୁଏ ବଜ୍ରବାହୁ ମେଘ ।

ମୃତ୍ୟୁ ଦ୍ୱିଧା କରି ନାହିଁ ରୋଧ
ଏ ଆକାଶ ନଦୀ ଆଉ ପ୍ରାନ୍ତରର ଫସଲର
 ରୌଦ୍ରର ରାତ୍ରିର
 ଦୁଷ୍‌ମନ୍ ଯେଉଁମାନେ
ତାଙ୍କ ପାଇଁ ରକ୍ତେ ରକ୍ତେ ଜ୍ୱଳେ
 ପ୍ରତିଶୋଧ !

ଚୋରା ବଜାରୀ ଦଲାଲ୍
ମୁନାଫା ଓ ଜାଲ୍‌-
 ହିସାବର ଖାତାରେ କୁଶଳ
ଠଗ ଆଉ ବଣିଆର ଦଳ
ଆକର୍ଷଣ କରି ନାହିଁ ତାଙ୍କ କଳ୍ପନାର ସୀମା
 ଖାଲି ଏକ ଅଦମ୍ୟ ଉଲ୍ଲାସେ
ସିଂହ ସମ ଉନ୍ମୁଖ ହୃଦୟ ତାଙ୍କ
 ସ୍ୱତଃ ହିଁ ଉଭାସେ ।
ପାହାଡ଼ ପାହାଡ଼ ପ୍ରାନ୍ତେ
 ପ୍ରଭାତର ଉପକଣ୍ଠେ
ସେମାନଙ୍କ କଣ୍ଠେ ଉଠେ

ପ୍ରାଣବାନ୍ ଗାନ
ଏ ଜାତିର ବିନ୍ଧାଣୀ ସେମାନେ- କରିଯାନ୍ତି
କୀର୍ତ୍ତି କିରୀଟ ସୁନାର କଳସର
ଦେଉଳ ନିର୍ମାଣ

ଘରେ ଘରେ ଦେଇଯାନ୍ତି
ସନ୍ଧ୍ୟା ଦୀପେ
ଶାନ୍ତିର ଆଓ୍ୱାଜ
ମୁଠା ମୁଠା ଅନ୍ନ ଆଉ ବଂଚିବାର ସ୍ୱାଦ
ନୂତନ ଫସଲ ସ୍ୱପ୍ନ
ଆଉ ଗାଢ଼ ସ୍ୱପ୍ନ,
ପ୍ରଚୁରର
ଆକାଶର ବତାସର ପୃଥିବୀର ସୁର।

ଅଦମିତ ସେଇମାନେ
ଅପ୍ରମିତ ସ୍ଥୈର୍ଯ୍ୟେ ଆଉ ବିଶ୍ୱାସେ ଅବାଧ
ନୂତନ ପ୍ରଭାତ ଡାକିଆଣେ ଦ୍ୱାରେ ଦ୍ୱାରେ
ତାଙ୍କ ଘଣ୍ଟନାଦ !
ଜୀବନ ପଦ୍ମ ପାଖୁଡ଼ା କରିବାକୁ ଉନ୍ମେଷିତ
ଆଞ୍ଜୁଳା ଆଞ୍ଜୁଳା
ଦେଇଯାନ୍ତି ରକ୍ତର ଆରତି
ସେଇମାନେ ଏ ଜାତିର
ସୌଭାଗ୍ୟର ସୂର୍ଯ୍ୟର ସାରଥି।

ଏକ ସାଗରିକ ଅଗ୍ନିଗିରି

ଅନେକ ଜଳଚରର ଅସ୍ଥି ପ୍ରସ୍ତର ଭେଦ କରି
ବାଣିଜ୍ୟ ବାୟୁର ତରଙ୍ଗ ଲେହ ସମୁଦ୍ରର ଦେହଳି
ଅତିକ୍ରମ କରି
          ଯଦି ମୁଁ ଊର୍ଦ୍ଧ୍ୱବାହୁ ଉଠେଁ
                    ମୁଁ ଅଗ୍ନିବୀଜ

ଗଳିତ ଧାତୁ ସ୍ରୋତର ଉପବୀତ ପରିହିତ
ମୁଦ୍ରାବଦ୍ଧ ଅଙ୍ଗୁଳିରେ ମୁଁ ସୂର୍ଯ୍ୟ ତର୍ପଣ କରେ
ମୁଁ ସ୍ମରେଁ
ମୋର ହିରଣ୍ୟସମ୍ଭବା ବସୁମାତାର ମନ୍ତ୍ର ।
                    ମୁଁ ଦ୍ୱିଜ

ମୁଁ ମୌସୁମୀରେ ଅଭିଷିକ୍ତ ହୁଏଁ ।
          ଲହରୀ ଲହରୀର ଅଙ୍ଗୁଳୀୟକ
ଆଉ ପ୍ରତିବିମ୍ବିତ ଆକାଶର ଅସଂଖ୍ୟ ହୀରକ
ଦିଗ୍‌ବଳୟରେ, ଭ୍ରାନ୍ତ ନାବିକର ମୁଁ ଏକ ଦିକ୍ ନିର୍ଣ୍ଣୟର
ନୀଳାର ମୀନାର ।
          ସାଗର ପାରି ହେଉଥିବା କୌଣସି ପକ୍ଷୀ ମିଥୁନର
ମୁକ୍ତ ଡେଣା ତଳେ ଏକ ନିର୍ଜନ ପ୍ରାନ୍ତର ।

ଜୀବନର ସାରଙ୍ଗୀରେ ମେଘ୍ମନର
ଯେଉଁ ଯେଉଁ ଗଜଲ୍ ବାଜି ଉଠେ
ସେସବୁ ମୁଁ ଶୁଣେ
ଆଉ ସ୍ୱପ୍ନର ଶିଫନ୍ ଝାଲର୍‌ରେ
ଝିକିମିକି ଚେତନାର ଜରିଧଡ଼ି ବୁଣେ
ସମୁଦ୍ରର ଜଳୀୟ ତିମିରରେ
ଯଦିଓ ମୋ ପ୍ରାଣର ମୃଣାଳ ନିମଜ୍ଜିତ
ତଥାପି ତ କଣ୍ଠେ ମୋର
ଆଗ୍ନେୟ ଶପଥ ।

ମୁଁ କିନ୍ତୁ ଏକ ଜାତିସ୍ମର
ଜଡ଼ଉ ଜହରତ୍‌ର ଉଦ୍ଦାତ ଅନୁଦ୍ଧାତ ଗାନ
ସବୁରଙ୍ଗ, ସବୁ ଇନ୍ଦ୍ରମାୟା
ସବୁ ଔଦ୍ଧତ୍ୟ ସୃଜନର
ଏକ ଅଗ୍ନି ନିଃଶ୍ୱାସରେ ନିଃଶେଷ କରି
ହୁଏ ତ ମୁଁ ଫେରିଯିବି
ଯେଉଁଠି ଖାଲି ଦହନ ଜ୍ୱାଳାରେ
ଆବର୍ତ୍ତମୟୀ ଏ ମହା ପୃଥିବୀ ।

■

ହୀରକ ମାଣିକ

ସମସ୍ତ ଅତୀତ ସେଇ କାଚର ପିଆଲା !
ଅନେକ ବର୍ଣ୍ଣାଢ଼୍ୟ ମଦର ଧାରା
ଢାଳିଛି ଅନେକ, ସୃଜି ଆକାଶରେ ବିନ୍ଦୁ ବିନ୍ଦୁ
          ତାରା ଅଗଣନ
ପରେ ତା'ର ପରିଧିରେ ରଙ୍ଗ ରଞ୍ଜିତ ଅଧର ଅଙ୍କନ
ଏକଦା ଦେଇଛ
          ତୀବ୍ର ଆଘ୍ରାଣରେ ତା'ର ଅନାଡ଼ି ହାତରୁ ମୋର
          କିନ୍ତୁ ସେଇ ପାନପାତ୍ର ହୋଇଛି ସ୍ଖଳିତ ।
ନେଇ ଜ୍ୟାମିତିକ ଖଣ୍ଡ କାଚ ବିସ୍ଫୋରଣର ପ୍ରହାର
ଲେଖି ଦେଇଗଲା ଓଷ୍ଠେ ମୋର ରକ୍ତଗାର-
ଶୁଷ୍କ ଅପରାଜିତାର ଫୁଲର ସେ କ୍ଷତ !
ଇସ୍ତମରାରୀ ପଟ୍ଟାରେ ଭୂମ୍ୟାଧିକାରୀର ଏକ
          ଯାବତ୍ ଚନ୍ଦ୍ରାର୍କ ଦଖଲ୍‌ର
                    ଏକ ଦସ୍ତଖତ !

ଅନେକ ଯୁଗର ପରେ ସେ ନିଶାର ନିଦ ଯେହ୍ନେ
                    ଆଜି ଭାଜିଗଲା
ଝର୍କାର କିଛିଦୂରେ
ପ୍ରଭାତର ଶୀତସ୍ପର୍ଶେ ଘାସ ସବୁ ଶିଶିର ପଖଳା !
ସେପାଖେ ସେ ପିଆଲାର ଭଗ୍ନାଂଶ ଟିକକ
ହଠାତ୍ ସୂର୍ଯ୍ୟର ସ୍ନେହେ ପାଲଟିଛି ହୀରକ ମାଣିକ !!
ଅତୀତର ସେ ଭଗ୍ନାଂଶ ଆଜି ଟିକି ହୀରକ ମାଣିକ ?
ହୀରକ ମାଣିକ !!!

■

ଅନ୍ୟଦିନ

ଲାଜରକ୍ତ ଫାଲ୍‌ଗୁନର ଶେଷ
ଚିତ୍ରିତ ଚୈତ୍ର୍ୟ ପ୍ରବେଶ
          ଅବାକ୍ ଆକାଶ।
ଶିମୁଳିର ପୁଷ୍ପଶିଖା ମନେ ଆଣେ ଶାଖାଗ୍ନି ବିଶ୍ୱାସ।
ଗ୍ରାମର ଅଙ୍ଗନେ ଶୁଭେ ଶସ୍ୟ ଅମଳର ଗାନ, ମହିଷର ଡାକ,
ରୌଦ୍ରୋତ୍ସବ ଆୟୋଜନେ ଉଡ଼ିଯାଏ କାକ
ଖୋଷାରେ ଧାନ୍ୟର ରେଣୁ ପଣନ୍ତରେ ସ୍ୱର୍ଣ୍ଣବୀଜ, କୃଷକ ଦୁହିତା
ଚୁଲ୍ଲୀବହ୍ନି ଆଲୋକରେ ତଣ୍ଡୁଳ ଚୂର୍ଣ୍ଣରେ ବର୍ଣ୍ଣେ ଲକ୍ଷ୍ମୀପଦ ଚିତା,
କହିଲି, "କୃଷକ କନ୍ୟା! ବସନ୍ତ ବନ୍ୟା ଶାଳର କାନନେ ଆସିଛି,
ଦୂରେ ଚାଲ।" କହିଲା ସେ, "ଛି ଛି,
ଭଣ୍ଡାର ଘରରେ ଆଜି ଏ ଜୀବନ ମଧୁକ୍ଷରା ବିରାମ ବିହୀନ,
ଆଜି ତ ସମୟ ନାହିଁ, ଆସ ତୁମେ ଅନ୍ୟ ଏକ ଦିନ।"

ଅନ୍ୟ ଏକ ଦିନ
ମୌସୁମୀ ମେଘର ଚାପ- ଦିକ୍‌ଚକ୍ର ବିଲୀନ।
ବିଦ୍ୟୁତ ନୟନେଙ୍ଗିତେ ଥରେ ଅନ୍ତରୀକ୍ଷ
ହିଡ଼ର ତିମିର ତଳେ ଖାଦ୍ୟବୀଜ ଭଣ୍ଡାରରେ ସୁଷୁପ୍ତ ମୂଷିକ।
କୃଷକର ସ୍ୱେଦସିକ୍ତ ବଳିଷ୍ଠ କର୍ଷଣେ
ମୃତ୍ତିକାର ସ୍ତନ୍ୟ କ୍ଷରେ, ତିଥିର ଲଗନେ
ଅଞ୍ଚଳରୁ ବୀଜ ବୁଣେ କୃଷକ କୁମାରୀ,
ଝରେ ଶ୍ୟାମ ଶୀକରିତ ବାରି।
କହିଲି, "କୃଷକ କନ୍ୟା! ଆଷାଢ଼ କନ୍ୟା ଆକାଶେ
                    ମାଟିରେ ଆସିଛି,

ଗୃହେ ଚାଲ।" କହିଲା ସେ, "ଛି ଛି,
ଶିଶୁର ଜନନ ସ୍ନେହ ବ୍ୟାପିଛି ପ୍ରାନ୍ତର ସାରା ବିରାମ ବିହୀନ,
ଆଜି ତ ସମୟ ନାହିଁ। ଆସ ତୁମେ ଅନ୍ୟ ଏକ ଦିନ।" ■

ଫେଁରସ୍ତ

ନିଅ ଏଇ ସରୀସୃପ ପ୍ରାଣ
ଗର୍ଭବାସ ଅନ୍ଧକୂପୀ ଘ୍ରାଣ
କଣ୍ଟକ ଗୁଳ୍ମ ତିମିର-
        ଆତ୍ମଗୋପୀ ଇଚ୍ଛାର ପ୍ରବାହ
ପରଭୋଜୀ ଏ ରସନେନ୍ଦ୍ରିୟର ପ୍ରଦାହ
ଅବାଞ୍ଛନୀୟ ଓ ଯେତେକ ଅକଥନୀୟ
ଯନ୍ତ୍ରଣାରେ
        ନିଅ ନିଅ ନିଅ।

ଅପରିମିତ ପରିଧି ନିର୍ମୋକର ପରିଧେୟ ତଳେ
ନିଜେ ଲୁକ୍କାୟିତ ରହି
        ଗରଳ ମୁଁ ଫୁତ୍କାରେ କୌଶଳେ
ଏ ମୋହର ସ୍ୱର୍ଗ ମୁହିଁ ସୃଜେଁ ଅଗ୍ରେ ନିଜ ନାସିକାର
ଶରୀରର କୁଣ୍ଡଳୀରେ
        ଉଷ୍ମତାରେ ନିମଜ୍ଜିତ ରହି ଅନିବାର
ତଥାପି ସେ ସ୍ୱର୍ଗ କାହିଁ
        ସୂର୍ଯ୍ୟ ଜ୍ୱଳେ ସୂର୍ଯ୍ୟ ଅବିରାମ
ଏ ବିବର ଅନ୍ଧକାର
        ନିତ୍ୟ ଯା'ରେ ଜଣାଏ ପ୍ରଣାମ!

ତେଣୁ ଏ ସବୁରେ ସ୍ୱାହା ଦେଇ
ସୂର୍ଯ୍ୟର ସନ୍ଧାନେ ଜଳ ବାଷ୍ପ ସମ
କର ମତେ ଭାରହୀନ ଦେହୀ!
ପଦ ତଳେ ବୃତ୍ତାକାରେ ଅଙ୍କିତ ଏ ଚୁମ୍ବକ ପ୍ରାନ୍ତର
ଉର୍ଦ୍ଧ୍ୱେ ଉର୍ଦ୍ଧ୍ୱେ ଏକ୍‌ସୋସ୍ଫିୟର୍ ଆଇନୋସ୍ଫିୟର୍‌ର
ଅକ୍ଷଦଣ୍ଡେ ଧରିତ୍ରୀର ନିରତ ଘୂର୍ଣ୍ଣନ

ଶୀତ ତାପ ଋତୁର ସୃଜନ
ଲାବଣ୍ୟ ଓ ଲବଣର ଅନ୍ୟ ଅଙ୍ଗ ତଳେ
ଜ୍ୟାମିତିକ ଅନୁପାତେ ବଂଶ ବୀଜ ରୋପଣ କୌଶଳେ
ଉଚ୍ଛୃଙ୍ଖଳ ପ୍ରକାଶ ଏ ବାସନା ପ୍ରବାହ
ଇଚ୍ଛାର ପ୍ରବାହ
ଓ ଅବାଞ୍ଛନୀୟ ଯେତେକ ଅକଥନୀୟ
ଯନ୍ତ୍ରଣାରେ ନିଅ ନିଅ ନିଅ !

ଦିଅ ଦିଅ ଅନ୍ୟ କିଛି ଆଉ !
କି ଦେବ ?
        କାମିନୀ ଆଉ କାଂଚନ କି
        ଯଶଃ ରୂପ ନିରାମୟ ଆୟୁ ?
ତାର ସାଥେ ସାଥ୍
ଦେବ କି ପ୍ରସ୍ତର ଖଣ୍ଡ ଫିଙ୍ଗିବାର ପାଇଁ
        ଫେର୍ ଏକ ହାତ ?
ବରଂଚ ସମସ୍ତ ନିଅ
        ଦିଅନା ବି କିଛି ପ୍ରତିଦାନ
ପଞ୍ଚାମୃତେ ନିର୍ବାପିତ କର ହୋମାଗ୍ନିରେ
କରନାହିଁ ଘୃତାହୁତି ଦାନ !

■

ଫାଲଗୁନ ପରେ

ପୂର୍ବ ଫାଲ୍‌ଗୁନର ଶାଖେ ଯେ ପକ୍ଷୀଟି ରଚିଥିଲା ନୀଡ଼
ଅନୁରାଗ ଅବିରରେ ରଂଜିଦେଇ ଧାତୁକୀର ମନ
କୂଜନେ ପ୍ରତିଧ୍ୱନିତ କରି ସାରା ଉପତ୍ୟକା ବନ
ଦେଇ ତୁମରି ନାମର ମୂର୍ଚ୍ଛନା ଓ ମୀଡ଼

ଭୁଲି କେବେ ଦିଗନ୍ତର କଣ୍ଟକ କଣ୍ଟକ
ଶୃଙ୍ଗର ସମସ୍ୟା ଆଉ ଦୁର୍ଦ୍ଦଣ୍ଡ ପ୍ରପାତ
ଭରି ଦେଲା ଆଣି ତୁମ ଦୁଗ୍ଧ ଶୁଭ୍ର ହାତ
ସ୍ୱପ୍ନେ ସ୍ୱପ୍ନେ ସୁବର୍ଣ୍ଣ ଚମକ

ଶେଷ ଫାଲ୍‌ଗୁନର ହାଓ୍ୱାରେ ଛିନ୍ନ ନୀଡ଼ ଆଜି ସେଇ ପକ୍ଷୀ
ଚୈତାଳୀର ହାହାକାରେ ବନ ଭୂମି ଜଡ଼
ଡେଣାରେ ଡେଣାରେ ଭାଙ୍ଗି ଦିକ୍‌ଚକ୍ରୁ ମାଡ଼ି ଆସେ ଝଡ଼
ତାହାରେ ତ ଚିହ୍ନୁ ନାହିଁ କେବେ ତାରେ ଚିହ୍ନି ପାରିବ କି ?

ତାମସୀ ରାତ୍ରି ଅନ୍ଧାରେ ତଥାପି ସେ କରେ ବସି ସୂର୍ଯ୍ୟର ସାଧନା
ତୁମରି ଆକାଶ ହେଉ ଆଜି ହିରଣ୍ମୟ !
ତୁମ ସଂସାର ସୌରଭେ ଭରିବାକୁ ଅବାକ୍ ଅକ୍ଷୟ
ଝୁଣା ସମ ବହ୍ନି ସ୍ନାନେ ବରି ନିଏ ବିପୁଳ ବେଦନା !

ମଣିଭୁକ୍

ଆରବ୍ୟ ରାତ୍ରିର ଲିପି ଭୂମି ତ୍ୟାଗ କରି
କର୍କଟ କ୍ରାନ୍ତିର ଦୂରେ
ମାନଚିତ୍ରହୀନ ଏକ ଆକ୍ଷାଂଶେ ସିନ୍ଧୁର
ଅଛି ଅଛି ସେହି ବନ୍ଧ୍ୟା ଦ୍ୱୀପ !
ବଲ୍ଲମର ସମ ଗିରି ବଳୟ ପ୍ରହରୀ
କୃଷ୍ଣଶିଳା ଅବଲମ୍ବ ଶୀର୍ଣ୍ଣ ଶାଖା ତରୁ
ବେଳାର ମୃତ୍ତିକା ସ୍ତନ୍ୟପାନେ ଉତ୍କଣ୍ଠିତ
ତୃଷାର୍ତ୍ତ ଜିହ୍ୱାର ସମ ଲମ୍ବମାନ ଚେର ।

ସାଧବ ନିଷିଦ୍ଧ ସେଇ ଦ୍ୱୀପ ।

ଯେ ସବୁ ନାବିକ
ବନ୍ଦରେ ବନ୍ଦରେ ଫେରେ ବୋଇତ ବିଳାସେ
ଏଇ ଉପକୂଳେ ନା' କି ଦିଏନା ନଙ୍ଗର !
ରାତ୍ରି ଏଥେ
ହଠାତ୍ ପଥେ ଦେଖା ଗ୍ରାମ ରୂପସୀର ସମ
ଅପରୂପ ।
ଦିବା- ଏକ ପ୍ରେମଜୀବୀ ଉପନ୍ୟାସ
ପ୍ରଥମ ଅଧ୍ୟାୟ ।

ସେଇ ଦ୍ୱୀପ ଭୂମି
ହୀରକେ ମାଣିକେ କଙ୍କରିତ ।
ସାୟାହ୍ନର ପ୍ରବାଳ ଆଲୋକେ
ପଦ୍ମରାଗ ଖଣ୍ଡ ଛାୟା ତଳେ
ଅସଂଖ୍ୟ ସର୍ପର ଫଣା ଦୋଳାୟିତ ହୁଏ
ସାଗରିକ ବାୟୁର ବିଳାସେ ।

ଚନ୍ଦ୍ରର କଳଙ୍କ ସମ
ପରଶ ପଥରେ
ଲାଞ୍ଛିତ ସେ ଫଣା
କୁହୁଡ଼ିରେ ହୀନପ୍ରଭ ଯଥା ଏକ ପ୍ରଭାତର ତାରା ।
ସେ ପ୍ରାନ୍ତରେ ପକ୍ଷୀ ଏକ ଆସେ
ସନ୍ଧ୍ୟାର ସୁବର୍ଣ୍ଣ ମେଘ ସମ
ଡେଣାର ଧୂସର ସ୍ୱପ୍ନ ଚିତ୍ରିତ ଆକାଶେ ।
ପଦ୍ମ ପାଖୁଡ଼ା କଣ୍ଟକେ ଛିନ୍ନ କରି ସେ ସର୍ପର ଫଣା
ଅଷ୍ଟେ ଖୁମ୍ପି ନିଏ ସେଇ ମଣି
ପାଶୋର ଶୋକର ସମ ଛାୟା ତା'ର ମେଲି
ତାର ପରେ ଉଡ଼ିଯାଏ
ଅନ୍ୟ କେଉଁ ରହସ୍ୟର ଦ୍ୱୀପେ !

ବିଷଦଗ୍‌ଧ ସେ ଦ୍ୱୀପର ଦୂରେ ବହୁଦୂରେ
ଯେ ସବୁ ନାବିକ
ବିପଥ ବିଳାସୀ
ସେ ପକ୍ଷୀର ଚଞ୍ଚୁଝରା ସ୍ୱର୍ଣ୍ଣ ମଣି ଲୋଭେ
ଝିଙ୍କ ସମ ଆଖି ତୋଳି
ଅକରୁଣ ଦିକ୍ ନୀଳେ ଚାହିଁ
ଆୟୁହୀନ ବାକ୍‌ହୀନ ହୁଏ
ତାଙ୍କ ସାଥେ ଭିଡ଼ିଛି ମୁଁ ପୋତ !
କେବେ ସ୍ୱପ୍ନେ ସ୍ୱପ୍ନେ ଝରା
ଦିଗନ୍ତ ଆକାଶ
କେବେ ବା ଗୈରିକ ସୂର୍ଯ୍ୟ
ମେଘର ମନ୍ଦିରା ।

କେତେ ଯେ ସାଗର ପକ୍ଷୀ
ଆଧାରର ଲୋଭେ ଆଉ
ପକ୍ଷିଣୀର ପ୍ରଣୟର ଲୋଭେ
ପାଲଦଣ୍ଡ ପରେ କରେ ଗଳ୍ପ ପରସ୍ପର।

ସେସବୁ ପକ୍ଷୀର ସେଇ ଘନିଷ୍ଠ ସଂସାର
ପ୍ରେମ, ଦ୍ୱନ୍ଦ୍ୱ, ଆହାର ଅନ୍ୱେଷା
ମନ ନେଇ ଚଳିଯାଏ କାହିଁ ବହୁଦୂରେ
ସୂର୍ଯ୍ୟେ ସୂର୍ଯ୍ୟେ ଉଚ୍ଚକିତ ଯହିଁ ମୋର ଗ୍ରାମ।

ସହସା ଚକିତେ ସ୍ୱର୍ଣ୍ଣ ଦେଖେଁ!
କେତେବେଳେ ସେ ମାୟାବୀ ପକ୍ଷୀ
ଉଡ଼ିଯାଇଛି ଦିଗନ୍ତେ ମେଲି ତା'ର ଡେଣା
ସ୍ପର୍ଶମଣି ଖଣ୍ଡ ତା'ର ଚଂଚୁପୁଟୁ ଖସି
ସ୍ପର୍ଶେ ସ୍ୱର୍ଣ୍ଣ କରି ଏକ ଲୌହର ନଙ୍ଗର
ଲୀନ ହୋଇ ଯାଇଅଛି ସିନ୍ଧୁର ତରଙ୍ଗେ!

କାହିଁ ସେଇ ବନ୍ଧ୍ୟା ଦ୍ୱୀପ
କାହିଁ ସେଇ ଆୟୁହୀନ ସ୍ୱର୍ଣ୍ଣବାହୀ ମନ
କେଉଁ ଅନ୍ୟମନସ୍କ ନିମିଷେ
ଉଡ଼ିଗଲା କାହିଁ ଆହା ସେଇ
ମିଣିଭୁକ୍।

■

ଅଗ୍ରଦୂତ

ତମିସ୍ରମୟୀ ଅନ୍ଧ ନିଶିଥିନୀ।
ସ୍ତୂପ ସ୍ତୂପ ମେଘରେ ଆକାଶ ଭାରାକ୍ରାନ୍ତ।
ଯୁଗ ଯୁଗ ସଂକୀର୍ଣ୍ଣ ମଧ୍ୟରେ ପଥ ଆଜି ସଂକୁଳ।
ଦିଗନ୍ତରେ ଏକ ଉଦ୍ୟତ ଆଗ୍ନେୟ ଉଗ୍ରତା ଲିଭେ ଓ ଜ୍ୱଳେ:-
ସେ କି ଅଜଣା ଦୁଷ୍ଟ ଗ୍ରହର ରକ୍ତ ଚକ୍ଷୁ !
ସେ କି ଯୁଥଭ୍ରଷ୍ଟ ଅପରିତୃପ୍ତ ପ୍ରେତାତ୍ମାର ଲେଲିହ ଜିହ୍ୱା।

ଆଉ ପଥ-
ପାହାଡ଼ ତଳେ ତା'ର ବଙ୍କିମ ଆବର୍ତ୍ତ
ପ୍ରାନ୍ତରେ ତାହାର ଦେବହୀନ ଦେଉଳର ଭଗ୍ନ ତୋରଣ
ସର୍ପ ବିବର ଛିଦ୍ରିତ ପୂଜା ଦେବୀ
ବକ୍ଷରେ ତାହାର ଲୁପ୍ତ ନଦୀର ବିସ୍ମୃତି ବିଲଗ୍ନ ଭଗ୍ନ ସେତୁ।
ଅବସ୍ଥିତ ଜଗତର ମଣିଷ କହେ-
ଏ ପଥ ଲକ୍ଷ୍ମୀଛଡ଼ାର ପଥ।

ଅକସ୍ମାତ ଆକାଶର ଧ୍ୱାନ୍ତ ପଥକୁ ରକ୍ତିମ କରି
ଜ୍ୱଳି ଉଠେ ଛିନ୍ନ ଉଲ୍‌କାର ବହ୍ନିଲେଖା,
ଉଚ୍ଛ୍ୱସିତ ରୋଳରେ କାହାର ଅନାହତ ବାଣୀ
ଗମ୍ଭୀର ଧ୍ୱନିତ ହୋଇଉଠେ-
ସେ କି ବନ୍ୟାବାରିର ଗୁହା ବିଦାରଣ ରୁଦ୍ର ନୃତ୍ୟ।
ସେ କି ଆଗ୍ନେୟ ନିଃସୃତ ଗଦ ଗଦ କଳ ମୁଖର
ତରଳ ପଙ୍କ ସ୍ରୋତ !
ସର୍ବହରା ଆନନ୍ଦରେ ଲଲାଟରେ କରଯୁଗ ରଖି
ଅଗ୍ରଦୂତ କହିଉଠେ-
ଏ ଏକ ସାର୍ଥକତାର ଅନାସ୍ୱାଦିତ ନିମନ୍ତ୍ରଣ !
ଏ ନିମନ୍ତ୍ରଣ ଏକ ନୂତନ ପଥର !

ଏହି ବିଭୀଷିତ କୋଳାହଳ ମଧ୍ୟରେ ବିସର୍ପିଳ ଏକ ଜନଶ୍ରୁତି
ଅବଜ୍ଞାର କର୍କଶ ହାସ୍ୟ କରି କହେ- ଖବରଦାର୍ ! ମରୀଚିକାର
ଅଧିକାର ନେଇ ତୁମକୁ ଅଗ୍ରସର ହେବାକୁ ଆମେ ଦେବୁ ନାହିଁ।
କାଳବୈଶାଖୀର ଅକାଳ ଚଡ଼କ ଅଟ୍ଟହାସ୍ୟ କରିଉଠେ
ତାହାର ବେତାଳୀ ସୁରରେ କରତାଳି ଦେଇ ନାଚିଉଠେ
ଫେନ ଚୂଡ଼ ଅର୍ବୁଦ ଊର୍ମି।
ଅଗ୍ରଦୂତ କହେ-
ସମୟ ଆସିଛି।
କାହାର ସମୟ ?
ଯାତ୍ରାର !
ତା'ର ଭ୍ରୂ କୁଟିଳ ହୁଏ, ସେ ଶୁଣେନା !
କହେ- ସେ ପଥ ପଶ୍ଚାତର-
ସେ ପଥର ଜୟ ହେଉ।
ଦାବାଗ୍ନି ବେଷ୍ଟିତ ମହାରଣ୍ୟରେ ଆତ୍ମଘାତୀ ପ୍ରଳୟ ନିନାଦି ଉଠେ
ଯଥା ଘୂର୍ଣ୍ଣ ତାଣ୍ଡବୀ ଉନ୍ମାଦ ସାଧକର ଶବ ମନ୍ତ୍ର।
ଧୂମାଚ୍ଛନ୍ନ ଅନ୍ଧକାର ନିଃଶ୍ୱାସ ଅବରୁଦ୍ଧ କରେ
କ୍ଷୀଣ ପ୍ରଦୀପର ଭୀରୁଶିଖା ଚୂର୍ଣ୍ଣ ହାୱାରେ ହଠାତ୍ ଲିଭିଯାଏ।
ଜନତା ମଧରେ ଉଦଗ୍ର କୋଳାହଳ ଉଠେ
ତୀବ୍ର ହୁଏ ରମଣୀର ବିଦ୍ୱେଷ
ପ୍ରବଳ ହୁଏ ପୁରୁଷର ତର୍ଜନ।
ଅବଶେଷରେ ଜଣେ ବାହାର କରେ ଗୁପ୍ତ ହତ୍ୟାର ତୃଷିତ ଅସ୍ତ୍ର
ଛୋରା...।
ସେ ଯେ କି ଉନ୍ମାଦମୟୀ ଅନ୍ଧକାରର ଉତ୍ସବ !

ହଠାତ୍ ଭୋରର ସ୍ପର୍ଶ ନଇଁ ଆସେ ମାଟିର ଗଭୀରେ।
ସକଳେ ସ୍ତବ୍ଧ।
ସୂର୍ଯ୍ୟରଶ୍ମିର ଇଙ୍ଗିତ ଆସି ଚୁମ୍ବନ ଦିଏ ରକ୍ତାକ୍ତ ମୃତ ଅଗ୍ରଦୂତର
ଶାନ୍ତ ଲଲାଟରେ।
ରମଣୀ ବିଳାପ କରେ।

ପୁରୁଷ ମୁହଁରେ ଥାପେ ଦିଓଟି ହାତ।
କେହି ଚାହେଁ ପଳାୟନ। ପାରେନା ପଶ୍ଚାତର ପଥ ନିଶ୍ଚିହ୍ନ।
ଅପରାଧର ଶୃଙ୍ଖଳରେ ଆପଣାର ବଳୀ ନିକଟରେ ସମସ୍ତେ ବନ୍ଧା।
ପରସ୍ପରକୁ କହେ-
କେ ଆମକୁ ପଥ ଦେଖାଇବ ?
କବି କହେ-
ଅନ୍ଧ ସଂଶୟ ଗ୍ଲାନିରେ ହନନ କରିଛୁଁ ଯାକୁ- ସେ
ସମସ୍ତେ ନିରୁତ୍ତର
ନତ ଶିର
କବି କହେ-
ମୃତ୍ୟୁଞ୍ଜୟର ଜୟ ହେଉ।
ଜନତା ମଧ୍ୟରେ ପ୍ରତିଧ୍ୱନି ଉଠେ।
ବତାସରେ ପଦ୍ମଗନ୍ଧ।

■

ଅସମାପିକା

କଲ୍ୟାଣୀ କହେ- ମୁଁ ତୁମକୁ ଭଲପାଏ।
ଆକାଶରେ ଜ୍ୟୋତ୍ସ୍ନା- ରାଜପଥରେ ଗଭୀର ତନ୍ଦ୍ରାର ଆବେଗ
ନଗରୀର ନିସ୍ତବ୍‌ଧତାକୁ ଗଭୀରତର କରିଦେଇଛି
ମ୍ୟୁନିସିପାଲିଟିର ନିଷ୍ପ୍ରଭ କେରୋସିନ ଆଲୁଅ।

ହଥର୍ଣ୍ଣ ବାଡ଼ର ଛାପି ଛାପିକିଆ ଛାୟା
ସେପାରେ ସେ- ଏପାରେ ମୁଁ
ମୋର ଶିରାରେ ଶିରାରେ ରକ୍ତର ବନ୍ୟା ସୃଜନ କରି ସେ କହେ
ମୁଁ ତମକୁ ଭଲପାଏଁ।

ନିଶୀଥର ସ୍ୱପ୍ନ ଘନାଇ ଆସେ
ମୋର ଲକ୍ଷ ଜୀବନ ପ୍ରାନ୍ତର ସ୍ୱପ୍ନ ଦେଖେଁ ତା'ରି ଆଖି ତାରାରେ ତାରାରେ
ଘନ ଆଶ୍ଳେଷରେ ମୋର ହାତ ଦୁଇ ଧାଇଁଯାଏ
ମୋର ସ୍ୱପ୍ନ ପ୍ରତିମାର ରଜୁଶରୀରକୁ ଆକ୍ରମଣ କରିବାପାଇଁ
ମୁଁ ବିଭୋଳ ହୁଏଁ।
ମୁଁ ପାଗଳ ପରି ଚାହେଁ ତା'ର ରୂପର ମଦ୍ୟ
ଏକ ନିଃଶ୍ୱାସରେ ନିଃଶେଷ କରିବାପାଇଁ।

ମୋର ମାତାଲତାକୁ ଭୟକରି ସେ ଘୁଞ୍ଚିଯାଏ ଭୟେ ଭୟେ
ବ୍ୟର୍ଥହୁଏ ମୋର ପିପାସା।...
ମୁଁ କହେ, ପ୍ରିୟ ! କପୋତ କପୋତୀରେ ଡାକେ
ବନ ତୀରରେ ପ୍ରତିଧ୍ୱନି ଜାଗେ
ଆକାଶରେ ଜାଗର ଜାଳି ବସେ ଶୁକ ତାରା
ଏ ଯେ ଅଭିସାରର ଲଗ୍ନ ॥
ମୋର ପୁରୁଷତ୍ୱ ଚାହେଁ, ତୁମର ନାରୀତ୍ୱକୁ ବରଣ କରି
ଦେବ ପୂର୍ଣ୍ଣତାର ଦାନ।

ମୋର ତୃଷାରେ ତ ତୁମରି ତୃପ୍ତି ।
ସେ ଚିତ୍କାରି ଉଠେ- କହେ, ମିଥ୍ୟା କଥା ।
ସେ ତୃପ୍ତିରେ ନାରୀତ୍ୱର ମୁକ୍ତି ନାହିଁ,
ମୁଁ ଚାହେଁନା ପ୍ରାଣର ସେ ସନ୍ଧାନ !
ଉଃ ! ତୁମେ କି ସ୍ୱାର୍ଥପର !

ଇଗଲ ପରି ପୁଞ୍ଜୀଭୂତ ବେଦନାରେ ଆକାଶର ଛାୟାପଥକୁ ଧ୍ୱାନ୍ତ କରି
(ଅନ୍ଧାରିତ ଡେଣା ବିସ୍ତାର କରି)
ଭାସି ଆସେ ଖଣ୍ଡ ଖଣ୍ଡ ମାଛକାତିଆ ମେଘ ।
ରାତ୍ରିର ସଂକ୍ରମିତ ସ୍ୱପ୍ନ ପରି ତାହାର ଚକ୍ଷୁରେ ଫୁଟେ
ଅଜଣା ବ୍ୟଥାର ମ୍ଲାନିମା
ସଦ୍ୟଛିନ୍ନ ପୁଷ୍ପରେ ବନର ଶିଶିର ପରି
ତା'ର ପକ୍ଷ୍ମ ପ୍ରାନ୍ତେ ପ୍ରାନ୍ତେ ଦୋଳିଉଠେ
        ଅଶ୍ରୁକଣାର ମାଣିକ ।

ତାହାର ଆସମାନି ପଣତ ମଧ୍ୟରେ
        ଲୁଚୁକାଳି ଖେଳି ମର୍ମରି ଉଠେ ନିଶୀଥର ବାୟୁ ।
ମୁଁ ପାଏଁ ତହିଁରେ କଲ୍ୟାଣୀର ଦେହର ଗନ୍ଧ
ତାହାର ଅଗରୁ ଭିଜା କେଶର ବାଷ୍ପ ।
ଛିନ୍ନ ମେଘ ଫାଙ୍କରେ ଝରିପଡ଼େ ଚୂର୍ଣ୍ଣ ଜ୍ୟୋତ୍ସ୍ନା ଆସ୍ତେ ।
ସେ ଛିଡ଼ାହୁଏ ମୋ ଆଖି ଆଗରେ ଏକ ଅବାସ୍ତବ ମୂର୍ତ୍ତି ନେଇ
ତା'ର ବକ୍ଷର ଉତ୍‌ଥିତ ପତିତ ସମୁନ୍ନତ ମହିମା ଆଡ଼କୁ
ମୁଁ ନିକ୍ଷେପ କରେ ଏକ ପ୍ରଶଂସାୟମାନ ଦୃଷ୍ଟି
ରୀତିମତ ସେ ହୁଏ ଲଜ୍ଜିତ,
ଗାଲରେ ତାହାର ଫୁଟେ ଉଷା, ହସରେ ଉଏଁ ତାରା
କହେ, ରାଣୀ ! ତେବେ ଏଇ ବେଶରେ ତୁମେ ଛିଡ଼ାହୁଅ
            ଦୂରେ ଦୂରେ
        ମୁଁ ଖାଲି ଦେଖେଁ

ତୁମେ ହୁଅ ମୋର କବିତାର କଳ୍ପନା- ଛବିର ରଙ୍ଗ...
ଘୂମନ୍ତ ନିମତରୁ ଶାଖାରେ ନିଶାଚର ପକ୍ଷୀ ଚିତ୍କାର କରେ
ମୋର ଗାଲରେ ତା'ର ତପ୍ତ ନିଃଶ୍ୱାସର ଛାପଦେଇ
ମୋର ବକ୍ଷରେ ତା'ର ଛୋଟ ମୁହଁଟି ଲୁଚାଇ
ସେ କହେ, ପ୍ରିୟ।
ଏହା ହିଁ ଆମର ଅଭିସାରର ପ୍ରତୀକ...।
ସ୍ୱପ୍ନ ରହେ ମୋର ଅସରା।

■

ହେ ଈଶ୍ୱର ! ହେ ଈଶ୍ୱର !

ଶବ୍ଦ ଶୁଣେଁ
ମୃତ୍ୟୁର ଭୀତିର,
ଅସତୀ ସ୍ତ୍ରୀର ଅଶ୍ରୁ ସମ
ପାପଗର୍ଭଚାରିଣୀର ଆତ୍ମଦାହୀ ଦୀର୍ଘଶ୍ୱାସ ସମ
ମିଥ୍ୟାର ଆତଙ୍କର
ଶବ୍ଦ ଶୁଣେ ।
ଖାଦ୍ୟଶସ୍ୟହୀନ ୱାଗନ ସବୁର ଷ୍ଟେସନ ୟାର୍ଡ୍‌ରୁ
ନିର୍ବୀର୍ଯ୍ୟ ସାଧନାର ଯୋଜନା ଶିବିରୁ
ଅଭିବ୍ୟକ୍ତିବାଦରେ ଅବିଶ୍ୱାସୀର ସ୍ଲୋଗାନରୁ
ସେ ଶବ୍ଦ ଆସେ ନା ।

ଅଥଚ ସେ ଶବ୍ଦ ଶୁଣେ
କାଳର ଯାତ୍ରାର ଧ୍ୱନି ସମ ଚକ୍ରର ଘର୍ଘର ଘୋଷରେ
ଥର ଥର ସ୍ଫୁରିତ ବିଦ୍ୟୁତ୍ ।

ଆହୁରି କି ରକ୍ତ ଲୋଡ଼ା ?
ବ୍ୟଥା ବ୍ୟର୍ଥତା ବ୍ୟାଘାତ ସବୁ ଧୌତ କରି
ପରିଷ୍କାର ପରିଚ୍ଛନ୍ନ ମଣିଷର ଚେତନାର ଦିନ
ଅଜେୟ ଚିନ୍ତାରେ ଖ୍ୟାତ ପ୍ରତିଷ୍ଠିତ କରିବାକୁ ତେବେ
ଆହୁରି କି ରକ୍ତ ଲୋଡ଼ା ?

ଛଳ ଛଳ ଫେନ ଚୂଡ଼ ଅର୍ବୁଦ ଊର୍ମିର
ପ୍ରଳୟ ପ୍ରୟୋଧି ଜଳ
ଡିବି ଡିବି ଡମ୍ବରୁର ମେଘ ଆଡ଼ମ୍ବର
ରୁଦ୍ରର ତାଣ୍ଡବ କାହିଁ ? କାହିଁ କହ ଉତ୍‌କ୍ଷିପ୍ତ ତ୍ରିଶୂଳ ?
ନୂତନ ସୃଷ୍ଟିର ସ୍ୱପ୍ନ ଲୋଡ଼ା ନାହିଁ ଆଉ ?

ଯୁଗେ ଯୁଗେ ସମ୍ଭବ କି ଖାଲି ରକ୍ତେ ଧୋଇଦେବା ପାଇଁ
ନର୍ଦ୍ଦମାର ବିବରର ଦୁର୍ଗନ୍ଧର ଅନ୍ଧକାରର
ସମସ୍ତ କଲ୍ମଷ ?

ଆହା କା'ର ଭାଗ୍ୟ ନେଇ କେ' କଉଡ଼ି ଖେଳେ
ପୁଣ୍ୟ ସ୍ଥାନେ ପାପ ରଖେ
ପାପ ସ୍ଥାନେ ସାଂଘାତିକ ଆତ୍ମିକ ପ୍ରତିଷ୍ଠା
ପ୍ରେମ ସ୍ଥାନେ ଘୃଣା
ଘୃଣା ସ୍ଥାନେ ଅକାଟ୍ୟ ଯୁକ୍ତିର ଅର୍ଥରୋଧ !
ସମୟର ଶତଛିଦ୍ର ବିସ୍ମୃତିର କୀଟଦଂଷ୍ଟ ସତରଂଜ ଖେଳ !!
ହେ ଈଶ୍ୱର ! ହେ ଈଶ୍ୱର !
କିମ୍ବା ଲୋକ ଆୟତିକ ଏ ମରଣ ତୃଷା ?
ମକ୍ଷିଷ କି ସମସ୍ତେ ତୈମୁର
ଅଶ୍ୱକ୍ଷୁର ମୁଖରିତ ପଥ ସବୁ ଶୋଣିତ ରଙ୍ଗୀନ !
ଭାଙ୍ଗିଯାଏ ଟ୍ରୟର ପ୍ରାଚୀର
ମହାଶ୍ୱେତା ରୂପସୀ କି ସୈରିଣୀ ହେଲେନ୍
ମାରଣ ମାରୀଚ ମାୟାବୀର କ୍ରୀତଦାସୀ !
ଘୁମନ୍ତ ଏ ସହରର
ଅବୈଧ ବିଳାସେ ସବୁ ନାଗରିକ ଦଳ
ଅତୀତ ଅର୍ଜିତ ସୁଖେ ନିଦ୍ରାନ୍ଧ ଅଳସ
ବଟବୃକ୍ଷ ସମ ସର୍ବକ୍ଷମ ଛତ୍ରଧର ଜନନେତା ନାହିଁକି କେ'
ପ୍ରାଣୈଶ୍ୱର୍ଯ୍ୟେ ଚୈତନ୍ୟ ଯେ' କରିଛି ସ୍ୱୀକାର ?

ସମସ୍ତ ପୃଥିବୀ ଭରି ବିଷାଏ ରକ୍ତର ସ୍ରୋତ
ପ୍ରଭାସର ତିମିର ଗାହନେ ।
ନିଜ ବାହୁରେ ସାହସୀ ଅତିକ୍ରାନ୍ତ ଜୀର୍ଣ୍ଣ ଅସୂୟାରେ
ଦସ୍ୟୁଦଳ ମାଡ଼ି ଆସେ ଅନ୍ତଃପୁର ବାହି
ଗାଣ୍ଡିବ ଅଥର୍ବ ପାର୍ଥ ନପୁଂସକ ଆଜି ।
ବିଷଲିପ୍ତ ଶରବିଦ୍ଧ ମୃତ୍ୟୁ ନୀଳ ତୁମେ

ଭାସିଯାଅ
କୃଷ୍ଣକୂର ସମୁଦ୍ରର ଜୁଆର ଭଟ୍ଟାରେ ।

କା'ର ପରିତ୍ରାଣ ହେଲା ?
ଦୁଷ୍କୃତି ଯେ ଊର୍ଦ୍ଧ୍ୱମୁଖ ଉଦ୍‌ଗ୍ରୀବ ମ୍ୟାମଥ୍
ଅସ୍ପଷ୍ଟ ନିଷ୍ଠୁର ମୂଢ଼ ଅନ୍ଧକାର ହସେ ।
ସମ୍ମିଳିତ ଜୀବନର ଆଦିଗନ୍ତ ମୁକ୍ତ ମୁହାଣରେ
ତୁମେ ତହିଁ କାଷ୍ଠଖଣ୍ଡ ନିଃସଙ୍ଗ ନିର୍ବାକ ।
ନିର୍ବାପିତ ଆଲୋକ ଖଣ୍ଡ କି ?
ସତ୍ତା ସଂହତି ଅନ୍ୱେଷା ନିରର୍ଥକ ଲାଗେ
ମହିମାନ୍ୱିତ ମୃତ୍ୟୁ ବା ସହଜ ମୃତ୍ୟୁର ସ୍ୱପ୍ନ କାହିଁ
ଖାଲି ଅମନୁଷ ମୃତ୍ୟୁ ହନନର ମୃତ୍ୟୁ ଆଉ ଆତ୍ମଘାତୀ ମୃତ୍ୟୁ
ମୃତ୍ୟୁ ଶବ୍ଦ ରକ୍ତ ଶବ୍ଦ ଭାତି ଶବ୍ଦ
ଭୂକମ୍ପର ଉଚ୍ଚ ରବେ କମ୍ପାଏ ଧରିତ୍ରୀ
ସ୍ତବ୍‌ଧ ପାଞ୍ଚଜନ୍ୟ ଆଉ ବୃଥା ସୁଦର୍ଶନ
ହେ ଈଶ୍ୱର ! ହେ ଈଶ୍ୱର !

କପୋତ

-୧-

ଗୃହ କପୋତୀର ଡାକ ଶୁଭିଥିଲା
ବନ କପୋତର କାନେ
ଆକାଶ ପଥରେ କେଉଁ ସୀମାନ୍ତ ସ୍ଥାନେ
ଭୁଲି ଯାତ୍ରାର
ମଧୁ କଳରବ
ନୀଳ ଆକାଶର
ମେଘ ଉତ୍ସବ
ଛନ୍ଦହୀନ ତା' ଗାନ ମିଶାଇଲା
ଛନ୍ଦ ନିହିତ ଗାନେ
ଗୃହର କପୋତୀ କି ମନ୍ତ୍ର ଦେଲା
ବନ କପୋତ କାନେ !

-୨-

ବନର କପୋତ ଭୁଲିଲା ବନର
ଘଞ୍ଚ ଗହନ ବାଟ
ଊଷର ଜମିର ଧୂସର ପ୍ରାନ୍ତ ପାଟ
ବନ ବର୍ଷାର
ଘନ ଚିତ୍କାର
ଝଡ଼ର ରାତ୍ରେ
ତା'ର ଅଭିସାର
ବନ ଝରଣାର ଉଚ୍ଛଳ ନୃତ୍ୟ
ଉପଳ ଖଣ୍ଡ ଘାଟ
ବନର କପୋତ ଭୁଲିଲା ବନର
ଲତାବନ୍ଧନୀ ବାଟ ।

-୩-

ମରୁପଥ ଛାଡ଼ି ମୁସାଫିର ହେଲା
ମୋତି ମହଲର ଦାସ
କେଉଁ ସାହାଜାଦୀ କାଞ୍ଚୁଲୀ ତଳେ ବାସ !
ପଦ ପ୍ରାନ୍ତରେ
ସୁନା ଖଟୁଲୀ
ନିଦ ମନ୍ଦିରେ
ହଂସୁଲୀ ତୁଳୀ
ଅଳସ ଅଙ୍ଗେ
ଅଙ୍ଗନା ସହ ରଙ୍ଗ ଓ ସହବାସ
ମରୁ ମୁସାଫିର ହେଲା ଆଜି ଆହା
ରୂପସୀ ରାଣୀର ଦାସ !

-୪-

ମାୟା ମହଲର ଅଞ୍ଜନ ପୋଛ
ଆରେ ଏ ପଥିକ ପକ୍ଷୀ !
ଏ ନୁହେଁ କୁଳାୟ ସେ ନୁହେଁ ତୋ ପ୍ରିୟ ସଖୀ
କାନ୍ତ କାନନ
ଡାକେ ଶାଖେ ଶାଖେ
ନୀଳ ଗିରି ବିଲ
ପ୍ରାନ୍ତର ଡାକେ
ଡାକେ ଆଜି ତତେ ବିଶାଳ ଧରଣୀ
ବନ୍ଦନା ଡାଲା ରଖି
ଆରେ ପଥଭୁଲା ! ସେ ତୋ ପଥ ନୁହେଁ
ଆରେ ଏ ପଥିକ ପକ୍ଷୀ !

-୫-

ଆରେ ଯାଯାବର ଆକାଶଚାରୀ ତୁ
ଭାଙ୍ଗ ରୁଦ୍ଧ ଦ୍ୱାର
ଏ ରାତ୍ରେ ତୋର ପ୍ରଳୟର ଶୃଙ୍ଗାର !
ମେଘ ଅମ୍ବରେ
ବଜ୍ର ଘୋଷରେ
ନୃତ୍ୟ ରୋଷରେ
ଭୈରବ ରାଗେ ବାଜେ ରୁଦ୍ରର
ବିଷାଣର ଟଙ୍କାର
ଆରେ ଯାଯାବର ଏ ରାତ୍ରେ ତୋର
ପ୍ରଳୟର ଶୃଙ୍ଗାର ।

-୬-

ପ୍ରଭଞ୍ଜନର କଣ୍ଠେ ଉଠଇ ନଟ ଦେବତାର ସ୍ତୁତି
ଇଙ୍ଗିତେ ଡାକେ
ଆଜି ଅଣଚାଷ ଦୂତୀ !
ତୋର ଚଞ୍ଚଳ
ପକ୍ଷତଳରେ
ବିପ୍ଳବ ଜାଗେ
ଝଡ଼ର ରୋଳରେ
ଅନ୍ଧକାରର ବୁକୁ ହାଣି ଛୁଟେ
ରକ୍ତ ନୟନ ଦ୍ୟୁତି
କଣ୍ଠେ ତୋ ଫୁଟୁ ଛନ୍ଦେ ଆଜିର
ନଟ ଦେବତାର ସ୍ତୁତି ।

-୭-

ମିଛରେ କପୋତ ! ଏ ନୂତନା ରାଧା
ମିଛ ଏଇ ଗୃହ ଜାୟା
ମିଛ ସିନା ସୁନା ମାରୀଚର ଅନୁଛାୟା ।
ଏ ମଧୁ ଆଳସ
ପରିବେଶ ଭୁଲି
ଛିନ୍ନ କର ତୋ
ସୁନାର ଶିକୁଳି
ମୁକତି ନୁହେଁରେ ତୃପତି ସିନା ସେ
ଖାଲି ଭାନୁମତୀ ମାୟା
ମିଛରେ କପୋତ ମିଛ ସବୁ ଖାଲି
ମରୁ ମାଳିନୀର ଛାୟା ।

ସରୀସୃପ

ସନ୍ଧ୍ୟାର ଆକାଶ
ଗୁଜରାଟୀ ରମଣୀର ପାଲଟା ଶାଢ଼ୀପରି
          ସଫେଦ ଛାୟାପଥ

ଅତି ପରିଚ୍ଛନ୍ନ,
ଦିଗତଳେ ବାଇଗଣୀ ସ୍ୟାହିପରି ସ୍ୱଚ୍ଛ ମେଘ ଛାୟା
          କଫି ଓ ବାଦାମବନ
ପରିବ୍ୟାପ୍ତ ଗୋଦାବରୀ ତଟ ଯାଏ ।
ବହୁ ଦୂରେ ସ୍ଲେଟଖଣିରୁ
          ମାନ୍ଦ୍ରାଜୀ କୁଲିର ବସ୍ତିରୁ
                    ନୀଳ ଲଣ୍ଠନର
                    ଇଷତ୍ ଆଲୋକ ଆସେ ।

ହଠାତ୍ ଦେଖିଥିଲି ସଖୀ
ତୁମ ପୃଷ୍ଠ ତଟର ସଫଳ ଗୌରବ
ତୈଲଙ୍ଗୀ ଖୋଷାର ତଳେ ଗ୍ରୀବାଚୁମ୍ବୀ ବିରଳ କୁଞ୍ଚିତ କେଶ
ରଜୁ ବାହୁଲତା ଫାଙ୍କେ ପରିପୁଷ୍ଟ ସ୍ତନର ସୁସ୍ପଷ୍ଟ ଆଭାସ,
ଗୁରୁ ନିତମ୍ବର ଆମନ୍ତ୍ରଣ ।

ଉପରେ ରିଠାବୃକ୍ଷର ପରିଣତ ଶାଖା
ତଳେ ସାଜି ମାଟିର ନୀଳ ଆସ୍ତରଣ,
ଏଇ ପରିସ୍ଥିତି ମଧ୍ୟେ
ଆଦିମ ସରୀସୃପର ସାନ୍ନିଧ୍ୟ କ୍ଷୁଧା ନେଇ
ପରସ୍ପରର ପରିଚୟ ହେଲା ।
ତୁମ ନଗ୍ନ ସ୍ୱାସ୍ଥ୍ୟର ସ୍ୱାଦ ନିବିଡ଼ ତୁମର
ମସୃଣ ଉଗ୍ରତା

ଦେଇଥିଲା ଗଭୀରତା ଆଉ ପରିତୃପ୍ତି ।
ନିଷ୍କାଷିତ କାମନା ଏ ତନୁତଟ ସଖୀ
ବୋଧକଲି ଆଦ୍ୟ ଥରପାଇଁ
ଲଘୁ ସ୍ୱଚ୍ଛ ଆଉ ଚିରନ୍ତନ
ଉପରେ ସଫେଦ ଜହ୍ନ ପରି ଅତି ପରିଚ୍ଛନ୍ନ ।

ତୁମରି ଖୋଷାର
ଶୀତକାଳୀନ କୌଣସି ରଙ୍ଗୀନ ଫୁଲର ଗଭା
ଦେଇଥିଲା ମଧୁର ଗନ୍ଧର ମାଦକତା ।
ହୁଏତ ମୁଁ ଦେଖିନାହିଁ ବିରଳ ଆଲୋକେ
ଓଷ୍ଠେ ଗାତ୍ରେ ନୟନ ଯୁଗ୍ମରେ
ସାବଲୀଳ ଶୋଭାଯାତ୍ରା ।

ସେଇ ଆଦିମ କ୍ଷୁଧାର ସ୍ପର୍ଶ
ଅବହେଳା କରିଥିଲା
ଉଭୟର ବାହ୍ୟିକ ଓ ସାମାଜିକ ପରିଚୟ ।
ପ୍ରଥମ ପୃଥିବୀର ଅବିଭାଜ୍ୟ ଶ୍ରେଣୀ ସରୀସୃପର ପରି
କେଉଁ ସମ୍ଭାବ୍ୟ ଭୃଣର ବିକାଶ ଆକାଂକ୍ଷା
ଉଭୟର ମାଂସ ଆଉ ରକ୍ତର ପଲସ୍ତରା ତଳେ
ଅଙ୍କୁରିତ ହେଲା ।
ତାହାର ଚିତ୍କାରର ପ୍ରତିଧ୍ୱନି
ସେଇ ଜୈବିକ ପ୍ରକୃତିର ଉଦଗ୍ର ପ୍ରକାଶ ଆକାଙ୍କ୍ଷା
ନିଜ ମଧ୍ୟେ କରିଥିଲି ଅନୁଭବ
ଲଘୁ ସ୍ୱଚ୍ଛ ଆଉ ଚିରନ୍ତନ
ଆଦିମ ପୃଥିବୀ ପରି ଅତି ପରିଚ୍ଛନ୍ନ ।
ଆଜି ପୁଣି ଆକାଶରେ ଅନୁରାଧା ନକ୍ଷତ୍ରର ଜହ୍ନ
ଅତି ପରିଚ୍ଛନ୍ନ ।

ଦୂର ବାର୍ଲିକ୍ଷେତେ ପୁଷ୍କର ମେଘର ଛାୟା।
ମନେ ପ୍ରଶ୍ନ ଆସେ
ଏଇ ସେ ସମ୍ଭାବ୍ୟ ଭ୍ରୂଣର ସଂସ୍ଥାନ ହୋଇଲା
ତା'ର ପରିଣତି କ'ଣ ଅତିମାନବର ଆବିର୍ଭାବ ?
ଏଇ ପ୍ରଶ୍ନ
ସମାଧାନହୀନ, ଏ ପ୍ରଶ୍ନ ହୁଏତ ସମ୍ପର୍କବିହୀନ।
ପ୍ରାଗୈତିହାସିକ ସରୀସୃପର ଯୌନ ପ୍ରକାଶ ଆକାଙ୍କ୍ଷା
ଆଜି ଅନୁଭବ କରେ
ନିଜ ମେରୁଦଣ୍ଡ ତଳେ,
ଆଉ ଖୋଜି ବୁଲେ-

ତୁମ ନଗ୍ନ ଆଭରଣହୀନ ଅଙ୍ଗ
ତରୁ ତଳେ ନଦୀକୂଳେ
ସେଇ ନଗ୍ନ ସ୍ୱାସ୍ଥ୍ୟବତୀ ଅଙ୍ଗ
ତାହାରେ ମୁଁ କରେ ନମସ୍କାର
ସେଇ ସ୍ୱଚ୍ଛ ସେଇ ଚିରନ୍ତନ
ଉପରେ ସଫେଦ୍ ଜହ୍ନ ପରି
ଅତି ପରିଚ୍ଛନ୍ନ।

■

BLACK EAGLE BOOKS

www.blackeaglebooks.org
info@blackeaglebooks.org

Black Eagle Books, an independent publisher, was founded as a nonprofit organization in April, 2019. It is our mission to connect and engage the Indian diaspora and the world at large with the best of works of world literature published on a collaborative platform, with special emphasis on foregrounding Contemporary Classics and New Writing.

CPSIA information can be obtained
at www.ICGtesting.com
Printed in the USA
LVHW100729050422
715317LV00002B/231

9 781645 602637